Albrecht Behmel

Der Uni-Ratgeber: Mündliche Prüfungen an der Hochschule

Albrecht Behmel

DER UNI-RATGEBER: MÜNDLICHE PRÜFUNGEN AN DER HOCHSCHULE

ibidem-Verlag
Stuttgart

Bibliografische Information der Deutschen Nationalbibliothek
Die Deutsche Nationalbibliothek verzeichnet diese Publikation in der Deutschen Nationalbibliografie; detaillierte bibliografische Daten sind im Internet über http://dnb.d-nb.de abrufbar.

Bibliographic information published by the Deutsche Nationalbibliothek
Die Deutsche Nationalbibliothek lists this publication in the Deutsche Nationalbibliografie; detailed bibliographic data are available in the Internet at http://dnb.d-nb.de.

Coverabbildung: © Berwis / PIXELIO

∞

Gedruckt auf alterungsbeständigem, säurefreien Papier
Printed on acid-free paper

ISBN-13: 978-3-8382-0427-7

Printed in Germany

Vorwort

Unsere Ratgeber-Reihe Edition Student-Online entstand Ende der neunziger Jahre als Datenbank für Hausarbeiten und Diplomarbeiten, wuchs jedoch schnell über diese Grenzen hinaus und bot schon bald eines der ersten mehrsprachigen Online-Wörterbücher und eigene Ratgeberliteratur zu Themen rund um das Studium sowie ein umfangreiches Lexikon der Hochschulbegriffe.

Mehr als zehn Jahre sind seitdem vergangen, und die Hochschulen haben sich genauso verändert, wie das Studium. Zu nennen sind etwa der Master- und der Bachelor-Abschluss, die Tatsache, dass mobile Geräte, wie das *iPad*, sowohl Lernverhalten als auch, freilich nur in gewisser Weise, das wissenschaftliche Arbeiten an sich veränderten, aber auch die Plagiats-Affären prominenter Politiker, die das Bild und auch das Ansehen wissenschaftlichen Arbeitens beschädigt haben. Trotz aller Innovationen sind die uralten Problematiken des Studierens geblieben: Studenten müssen effektiv arbeiten, gute Ergebnisse abliefern und natürlich die formalen Anforderungen erfüllen. Hierzu dienen unsere Uniratgeber.

Die Ratgeber richten sich vor allem an Studienanfänger und Abiturienten, die sich ein Bild von den Funktionsweisen der modernen Hochschule machen wollen. Die Inhalte der Bücher, vor allem die Fragen und Checklisten, sind durch Umfragen bei Dozenten deutscher und österreichischer Hochschulen sowie fortgeschrittenen Studenten und Absolventen entstanden.

Berlin, August 2012
Albrecht Behmel

Inhaltsverzeichnis

1. Einleitung

Eine mündliche Prüfung liegt vor Ihnen. Vielleicht ist es Ihre erste Prüfung, vielleicht haben Sie bereits einige hinter sich gebracht. Prüfungen sind unangenehm, weil wir uns wie auf dem Prüfstand fühlen. Wir sind unsicher, ob wir gut genug gelernt haben. Wir wissen nicht, wie wir uns in dieser belastenden Situation verhalten werden. Möglicherweise haben wir sogar richtiggehend Angst vor dem Prüfungstag oder dem Prüfer. Wie auch immer: Die Prüfung muss bewältigt werden. Wir müssen da einfach durch. Dieses Handbuch zeigt Ihnen, wie es geht.

Wir wollen zwei Dinge mit diesem Handbuch erreichen. Erstens wollen wir Ihnen die Angst vor Prüfungen nehmen, und zweitens wollen wir Ihnen einen Eindruck davon vermitteln, wie eine mündliche Prüfung von Seiten der Prüfer erlebt wird, was einen Prüfer bei Prüfungen stört, was ihm imponiert und mit welchen Erwartungen er in einen Termin geht. Vielleicht wird es Sie erstaunen zu hören, dass auch Dozenten vor Prüfungen nervös sein können, dass sie sich freuen, wenn eine Prüfung locker und entspannt vonstatten geht und dass es auch für Prüfer ein Erfolgserlebnis ist, wenn ein Examen schließlich mit einem guten Resultat zu Ende gegangen ist.

Es gibt typische Fehler, die in mündlichen Prüfungen immer wieder gemacht werden. Deshalb haben wir dieses Handbuch verfasst, damit Sie aus den Erfahrungen anderer Studenten schöpfen können, um keine ähnlichen Fehler zu begehen und somit ein insgesamt besseres Ergebnis erzielen zu können. Sie werden sehen, dass die meisten Fehler sehr leicht zu vermeiden sind, weil es sich um Formfehler, um falsche Taktik, um falsche Vorbereitung oder falsches Verhalten vor oder während einer Prüfung handelt.

Sie können daher von diesem Handbuch folgende Hilfestellungen erwarten:

- Verbesserung Ihrer Lernstrategie
- Sprachliche Mittel zur Bewältigung von Prüfungen
- Vermeidung von typischen Fehlern vor und während der Prüfung.

Sie stehen vor einer mündlichen Prüfung, entweder im Grund- oder im Hauptstudium. Vielleicht ist es Ihre erste Prüfung seit dem Abitur, vielleicht haben Sie schon einige Prüfungen an der Universität hinter sich. Auf jeden Fall aber spüren Sie Belastung, wenn Sie daran denken, dass Sie demnächst auf dem Prüfstand stehen werden, begutachtet, von einem Dozenten und einem Beisitzer. Diese Situation ist für Sie neu, denn das Studium an deutschen Universitäten in seiner gegenwärtigen Form geht in der Regel nicht auf die spezifische Situation der Prüfung ein. Sie besuchen zwar Vorlesungen, Übungen und Seminare, aber eine ausgesprochene Vorbereitung auf Prüfungen gibt es nicht.

Man geht sozusagen ganz ohne Proben in die Premiere. Dabei wäre es sehr leicht, Prüfungskurse anzubieten, also Tutorien, die nur dazu da sind, Prüfungssituationen zu simulieren. Wenn Ihre Universität nichts Derartiges anbietet, so gründen Sie mit ein paar anderen Studenten so schnell wie möglich ein inoffizielles Tutorium, in dem Sie sich auf Prüfungen ganz allgemein vorbereiten.

Die Fähigkeit, auf konkrete Situationen von Prüfungen zu reagieren, wird an unseren Universitäten nicht ausreichend gefördert, das ist ganz offensichtlich. Das liegt nicht zwangsläufig an den Fähigkeiten der Dozenten oder an den Qualitäten der Universität, sondern an den Formen des passiven Lernens aus Büchern an sich. Unser Studium ist geprägt vom Lesen und Zuhören; aktives Sprechen findet sehr selten statt. Oft sind Seminare auch schlicht zu voll, das heißt, man kommt selten zu Wort.

Erst, wenn wir versuchen unsere Gedanken zu formulieren, können wir (und andere) überprüfen, welchen Wert diese Gedanken überhaupt haben. Je weniger man spricht, desto geringer ist also die Qualitätskontrolle der eigenen geistigen Leistung. Damit ist auch die bekannte Seminaratmosphäre verbunden, in der oft Schweigen vorherrscht, wenn eine Frage gestellt wird. Vom Lesen und dem Besuch von Vorlesungen kann man naturgemäß nicht erwarten, dass sie unsere Sprechkompetenz erhöhen.

Gründen Sie eine Lerngruppe am besten innerhalb einer Veranstaltungsreihe. Alle Teilnehmer haben ja das gleiche Ziel, nämlich eine Note zu der Veranstaltung zu erwerben. Warum sollte man also nicht gemeinsam lernen?

Diese Gruppe sollte sich einmal in der Woche, am besten direkt vor der Veranstaltung, treffen, um zu üben. Nach einer Weile hat man sich kennengelernt und beginnt, einander etwas mehr zu vertrauen, aber das Semester geht vorbei und die Ferien fangen an. Jetzt ist der entscheidende Punkt gekommen: Machen Sie weiter!

Sehen Sie diese Gruppe als Anfang einer wichtigen Tradition innerhalb Ihres Studiums, denn so eine Gruppe hat nur Vorteile:
Ein wichtiger Punkt dabei ist, dass diese Lerngruppe, dieses Kolloquium, oder wie immer Sie es nennen wollen, in einem ungestörten Raum stattfindet, den Sie regelmäßig besuchen können. Das kann zuhause bei einem der Teilnehmer sein, in einem freien Raum des Instituts oder in einem Hinterzimmer eines Cafés. Die verlässliche Routine und die Gleichmäßigkeit solcher Kolloquien tragen wesentlich zu deren Erfolg bei.

Eines ist klar: Sie müssen das Studium nicht als Einzelkämpfer bestehen, aber ohne Initiative werden Sie allein bleiben. Diese Erkenntnis sollte eine Selbstverständlichkeit sein, ist sie aber leider nicht, und daher wollen wir Sie ermutigen, selbst Schritte zu unternehmen, um Ihr Studium effektiver zu gestalten. Sie können auf diesem Weg nicht alle Lücken der universitären Ausbildung schließen, aber es ist leicht möglich, das eigene Studium zu organisieren und maximalen Nutzen aus der Hochschulzeit zu ziehen.

1. Sie lernen andere Studenten und deren Arbeitsweise kennen
2. Sie teilen die Erkenntnisse Ihrer Mitstudenten
3. Sie zwingen sich über diesen Termin zum regelmäßigen Lernen und zum regelmäßigen Besuch der Veranstaltung
4. Sie sind auf die betreffende Lehrveranstaltung besser vorbereitet
5. Sie eignen sich Routine im Diskutieren und Darstellen an
6. Sie kommen häufiger zu Wort als in überfüllten Seminaren
7. Es macht Spaß, weil das Niveau der Gespräche im kleinen Kreis höher ist

Im Rahmen einer Lerngruppe werden genauso wie in einem Seminar richtige Referate gehalten – am besten sogar diejenigen, die Sie später im Seminar halten werden. Daher sollte die Lerngruppe zeitlich so eingeteilt sein, dass die kommenden Referate in der Lerngruppe antizipiert werden.

Besprechen Sie in der Lerngruppe auch Ihre Literaturlisten. Vergleichen Sie den aktuellen Stand und tauschen Sie sich aus, was Ihre Fortschritte der Lektüre betrifft.

Zentral für den Erfolg einer Lerngruppe ist das gemeinsame Diskutieren. Doch dafür benötigt man eine Grundlage. Daher bietet es sich an, für jede Sitzung ein Thesenpapier oder einen Aufsatz vorzubereiten. Das kann ein Text aus einer Fachzeitschrift sein oder aus beliebiger anderer Quelle. Wichtig ist, dass dieser Text rechtzeitig bereitgestellt wird und jedem Teilnehmer der Lerngruppe rechtzeitig zur Verfügung gestellt wird. Jeweils der Teilnehmer, der das Papier bereitstellt, hat dafür zu sorgen, dass die Verteilung funktioniert. Das eigentliche Treffen hat folgende Form: Nach einer kurzen einführenden Darstellung des Themas durch den Referenten bringen die Teilnehmer Ihre Aspekte in die Diskussion ein. Genauso, wie in einem Seminar. Diese Konstellation kann auch auf Prüfungen zugeschnitten werden, indem der Kandidat von den Anwesenden befragt wird. Eine Größe von 3 bis 6 Teilnehmern ist ideal. Ebenso ist es sinnvoll, die Treffen einmal pro Woche abzuhalten.

Eine Aufgabe der Lerngruppe kann es auch sein, die Seminare vorzubereiten. Planen Sie Ihre Wortbeiträge in der Lerngruppe und versuchen Sie auf diese Weise, die Ergebnisse der Lerngruppe in das Seminar einzubringen. Es liegt auf der Hand: Eine Lerngruppe hat nur Vorteile.

2. Was ist eine Prüfung?

In erster Linie ist die Prüfung eine Art Spiel. Es geht darum, dass sich ein paar Menschen über ein bestimmtes Thema unterhalten, wobei der Eine versucht, das zu zeigen, was er gelernt hat, während der Andere versucht zu erfahren, was der Erste nicht gelernt hat. Beide sind froh, wenn die Zeit für dieses Gespräch schließlich um ist.

Für die Studenten scheint nun der gesamte Erfolg des Studiums auf dem Spiel zu stehen. Manche Studenten sind schon wochenlang vor der Prüfung so gereizt, dass sie kaum auszuhalten sind, manche fangen das Rauchen an, manche werden schlaflos und wieder andere vernachlässigen ihre Umwelt vor lauter Lernen völlig.

Dann gibt es wiederum Studenten, die ganz normal bleiben, sie lernen vielleicht ein bisschen mehr als sonst, am Tag davor schauen sie nicht mal in die Bücher, gehen ruhig zur Prüfung und bestehen oder fallen eben durch. Sie haben jedoch keinen Stress erlitten. Wie machen diese Studenten das? Es ist mehr dabei als Schauspielerei oder gute Nerven, es ist eine Frage der Einstellung zum Geprüft-Werden überhaupt.

Jeder entwickelt im Lauf der Zeit seine eigenen Strategien, um mit einer bevorstehenden Prüfung fertig zu werden. Hier sind ein paar erfolgreiche Einstellungen:

- Man kann sich die Konsequenzen klarmachen: Ist meine wissenschaftliche Karriere beendet, wenn ich nicht bestehe? Nein. Werde ich eingesperrt? Nein. Werde ich geschlagen? Nein. Werden meine Dozenten mich für dumm halten? Nein ...

- Manche Kandidaten stellen sich ihre Prüfer auch einfach als das vor, was sie sind, nämlich als eine Art Partner im Dialog, nicht als ein Gegner, der nur darauf wartet, bis man einen Fehler begeht, um dann zuzuschlagen.

- Andere wiederum nehmen die Einstellung an, dass sie ihren Prüfern jetzt eine unterhaltsame halbe Stunde bieten werden. Im Normalfall sind Sie als Kandidat ja wesentlich besser mit dem Prüfungsstoff vertraut als der Prüfer. Studenten mit dieser Einstellung freuen sich sogar darauf, mit ihrem Dozenten einmal ein persönliches Fachgespräch führen zu können. Und, einmal ehrlich, wie oft hatten Sie dazu denn sonst die Gelegenheit? Eine Schlussfolgerung aus dieser Überlegung muss lauten: Es ist notwendig, das derzeitige Forschungsthema seines Prüfers zu kennen, denn wenn Prüfungen Unterhaltungen sind, kann das Gespräch auch auf dieses Thema kommen.

Für den Prüfer sieht es ganz ähnlich aus wie für den Kandidaten. Am Tag einer Prüfung muss er damit rechnen, dass ein nervöser Student zu ihm kommt, der den Prüfer vor lauter Aufregung nicht zu Wort kommen lässt, der alle Einzelheiten seines Themas aufzählt, noch bevor er den Beisitzer begrüßt hat, und der schließlich auf einmal einen Blackout erleidet, weil er sich dauernd "vergaloppiert". Damit ist ebenso zu rechnen, wie mit dem schlimmsten Alptraum eines Prüfers: Dem schweigendem Studenten, der eine halbe Stunde lang kein einziges Wort sagt, aber dessen traurige Blicke den Prüfer noch bis in seine Träume verfolgen.

Eine der Hauptaufgaben des Prüfers besteht in der Tat darin, Lampenfieber zu bekämpfen. Ein guter Prüfer zeichnet sich dadurch aus, dass er seinen Gegenüber vergessen lässt, dass überhaupt eine Prüfung stattfindet. Das ist auch gleichzeitig die Beschreibung des besten Kandidaten: Er lässt seinen Prüfer vergessen, dass er eine Prüfung abnimmt. Eine andere Hauptaufgabe des Prüfers besteht darin, das Wissen des Kandidaten hervorzuholen, damit das Gelernte auch in einem angemessenen Umfang dargestellt werden kann.

Eine Prüfung ist also keine Konfrontation feindlicher Kräfte, sondern vielmehr das, was der Philosoph Ernst Otto Apel einmal das "Ringen solidarischer Vernunftwesen um Einsicht" genannt hat: Eine gute Prüfung ist ein Dialog.

Prüfer und Student wissen beide gleichermaßen über das eigentliche Thema. Sie sind beide vom Fach, wobei das bessere Detailwissen oft auf Seiten des Studenten liegt. Auch aus diesem Grund wird ein Prüfer auf den großen Zusammenhang Wert legen: Er kann, was die Einzelheiten betrifft, oft nicht mit dem Kandidaten mithalten.

Der Unterschied zwischen Prüfer und Geprüftem ist in erster Linie ein sprachlicher, keiner des intellektuellen Niveaus, denn der Eine stellt Fragen, der Andere muss darauf antworten, wenn er die Antwort kennt; oder er muss die Sprache elegant auf ein neues Thema bringen, wenn er nicht zu antworten vermag.

Es ist für eine gute Prüfung keineswegs erforderlich, dass auf alle Fragen des Prüfers eine inhaltliche umfassende Antwort gegeben wird. Sie müssen nicht alles wissen! Es ist jedoch absolut notwendig, Kommunikation aufzubauen und eventuelle Wissenslücken dennoch darstellen zu können, bzw. den Mut zu haben, einfach zuzugeben, dass man etwas nicht parat hat.

Man kann weder alles wissen noch alles sagen, was man weiß. Deshalb entsteht in einer Prüfung oft der Eindruck, man bewege sich unter dem eigenen Niveau, unter dem

Wissensstand, den man eigentlich hat. Das ist zutreffend. Aber da Ihr Prüfer das ebenfalls weiß und die Situation ganz ähnlich empfindet, müssen Sie sich keine Sorgen machen.

Dieses dennoch etwas ungute Gefühl kann nur dadurch behoben werden, dass Studenten und Prüfer einander bereits vor der Prüfung kennenlernen und sich gegenseitig zu verstehen versuchen. Das bedeutet ganz konkret: Suchen Sie sich Ihren Prüfer ebenso gewissenhaft aus wie Ihr Prüfungsthema. Bereiten Sie die Prüfung gemeinsam mit Ihrem Prüfer vor und besuchen Sie mindestens zwei Sprechstunden, um die Prüfung durchzugehen. Gewöhnen Sie sich an, ein kleines allgemeines Gespräch mit Ihrem Dozenten zu führen (z.B. über die letzte Vorlesung), bevor Sie zum Thema kommen. Das ist nicht nur höflicher, es stellt auch persönlichen Kontakt her, ohne den es keine Wissenschaft und keine guten Gespräche geben kann.

Das Ziel dieses Buches ist es, Studenten mit einer Methode zu versehen, die es ihnen erlaubt, neben den regulären Vorbereitungen für den Tag der Prüfung die Sprechfähigkeit zu überprüfen und zu fördern. Dabei steht die Einsicht im Vordergrund, dass mit den einfachsten Redemitteln fast alles exakt ausgedrückt werden kann und die verschiedenen Formulierungen sich strukturell im Grunde alle gleichen. Ist Ihnen schon einmal aufgefallen, wie standardisiert die wissenschaftliche Sprache ist? Von einem literarischen Standpunkt aus gesehen ist sie sogar oft einfallslos bis monoton.

Das mag zwar aus ästhetischen Gründen bedauerlich sein, aber darin liegt auch eine Chance für Sie: Es ist sehr leicht, sich diese Sprache anzueignen. Ein gutes Mittel, sich mit wissenschaftlicher Sprache vertraut zu machen, besteht darin, sie laut zu lesen. Indem man sich selbst einen Text vorliest, macht man ihn sich in wesentlich stärkerem Maße zu eigen als bei stiller Lektüre. Das betrifft übrigens auch fremdsprachliche Texte.

Es klingt beinahe banal, diese Punkte aufzulisten, aber erfahrungsgemäß stellen sprachliche Mängel ein Hauptrisiko dar. Viele Kandidaten, die mit Fachwissen regelrecht vollgestopft sind, können ihre Kenntnisse nicht richtig ausdrücken. Worauf soll aber ein Prüfer sonst achten? Alles, was Ihr Prüfer bewerten kann, ist ja das, was Sie aussprechen – sonst nichts. Üben Sie Ihre Fähigkeit, wissenschaftliche Sachverhalte auszudrücken, so oft Sie können. Besuchen Sie Seminare, Übungen, Tutorien so oft es geht, und nehmen Sie sich vor, jedes Mal mindestens einen Wortbeitrag zu bringen.

Es gibt "starke" und "schwache" Prüfer; das hat Konsequenzen für den Kandidaten. Ein starker Prüfer wird großes Interesse daran haben, die Prüfung selber zu gestalten und wesentliche Beiträge zu liefern. Ein schwacher Prüfer dagegen ist eher passiv, aber nicht unbedingt deswegen, weil er schlecht vorbereitet ist. Schwache Prüfer lassen vor allem den Prüfling sprechen und stellen eher assoziative Fragen zu dem, was der Kandidat gesagt hat.

Es ist nun eine Typfrage, ob Sie lieber die Konfrontation mit einem starken Prüfer suchen wollen, in der Hoffnung, dass dieser die Auseinandersetzung intellektuell zu schätzen weiß oder sogar genießt, oder ob Sie sich darauf einstellen, eine eher untergeordnete Rolle in der Prüfung zu spielen.

Wichtig ist allein eines: Reduzieren Sie derartige Ungewissheiten auf ein Minimum. Fragen Sie andere Studenten über den Ton und den typischen Verlauf einer Prüfung bei Ihrem Prüfer. Je besser Sie Ihren Dozenten kennen, desto sicherer können Sie auch zum Prüfungstermin gehen. Je besser der Dozent wiederum mit Ihnen vertraut ist, desto offener wird er Sie empfangen, und desto wahrscheinlicher wird er Sie im Gespräch nicht missverstehen.

Jedes Thema ist potentiell interessant, daher kommt jedes Thema für eine mündliche Prüfung in Frage. Entscheidend ist, dass man es mit Interesse behandelt. Nichts schadet einer Darstellung mehr, als wenn das Publikum fehlende Begeisterung bemerkt. Da man sich sein Prüfungsthema manchmal aber nicht aussuchen kann, gibt es nur eine Lösung: Bearbeiten Sie das Thema so, dass es für Sie interessant wird. Versuchen Sie Ihren Forschergeist zu wecken, stellen Sie persönliche Beziehungen zu Ihrem Thema her, und sehen Sie Wissenschaft nicht als etwas Unpersönliches, denn das ist sie nicht.

Es ist also im Grunde zweitrangig, worüber in einer Prüfung gesprochen wird. Wichtig ist in erster Linie die sprachliche Fassung des Inhalts. Wird das korrekte Vokabular verwendet? Beherrscht der Student die korrekten wissenschaftlichen Instrumente, die richtige Diktion?

Erst dann kommt die Bewertung des Inhalts. Hier können die Autoren naturgemäß nur wenig helfen. Unser Beitrag zum Gelingen Ihrer Prüfung soll darin bestehen, dass wir Ihnen unsere Erfahrungen zur Verfügung stellen, wie die typischen formalen Fehler vermieden werden können. Inhaltliche Fehler lassen sich nicht in der Art vermeiden wie formale. Wenn Sie sich etwa im Eifer des Gefechts auf eine vollkommen unhaltbare These verstiegen haben, können Sie nach dem widerlegenden Gegenargument den geordneten Rückzug antreten.

Es ist kein Fehler, eine Behauptung aufzustellen, die widerlegt werden kann, im Gegenteil, jede provokante These belebt das Gespräch, und ein Gespräch zu führen ist ja die Hauptidee einer mündlichen Prüfung.

Sobald Sie aber einen formalen Fehler begangen haben, indem Sie etwa falsches Vokabular verwendet haben, kann dieser Eindruck nicht mehr so leicht rückgängig gemacht werden, auch wenn Sie den korrekten Begriff zum Ausgleich dann viele Male wiederholen. Der Beisitzer wird diesen

Punkt vermerken, und später wird er dazu beitragen, dass Ihre Note schlechter ausfällt.

Wie Sie wissen, besteht jeder Satz aus Subjekt, Prädikat, und gegebenenfalls auch einem oder mehreren Objekten. Viele Studenten beschränken sich jedoch auf Antworten, die nur aus einzelnen Begriffen bestehen, obwohl sie in anderen Situationen sehr wohl in der Lage sind, in vollständigen Sätzen zu reden. Warum nicht auch in der Prüfung? Weiter: Nehmen wir an, ein Prüfer hat vor Ihrer Prüfung schon einen anderen einsilbigen Kandidaten erlebt, langsam wird sich sein Missfallen sicher in Aggression verwandeln.

Die verständliche Reaktion des Prüfers auf Einsilbigkeit ist, dass er das Wohlwollen verliert. Ein Effekt, der nicht im Sinne des Kandidaten liegen kann, denn je weniger der Kandidat sagt, desto mehr Fragen muss der Prüfer stellen. Es muss eher so sein, dass man Ihnen das Wort mit dem Satz abschneidet: "Ja, danke, das genügt, Sie haben gezeigt, dass Sie diesen Bereich beherrschen."

Natürlich ist es nicht genug, einfach draufloszureden. Von entscheidender Wichtigkeit ist das sprachliche Niveau einer Darstellung, die Sprache muss dem Anlass entsprechen. Jeder Anlass verlangt eine besondere Art der Darstellung und der sprachlichen Fixierung. Auf dem Sportplatz ist eine andere Ausdrucksweise notwendig als am Familientisch und

dort wiederum eine andere als in einem wissenschaftlichen Diskurs.
Ein Wort noch zum Dialekt: Auch wenn Ihr Gegenüber in der Prüfung Dialekt spricht, sollten Sie auf keinen Fall auf das Hochdeutsche verzichten.

Was für den Prüfer eine leutselige Geste sein kann, wirkt bei einem Kandidaten wie eine unangebrachte Vertraulichkeit. Wenn Ihnen im Folgenden manches zu einfach erscheinen sollte, oder Sie das Gefühl haben, schon genug darüber zu wissen, dann sehen Sie die unten folgenden Listen als eine Art Spiel, beim dem Sie nur gewinnen können, wenn Sie sich die einzelnen Punkte noch einmal klar machen. Vertrauen Sie ihrem Prüfer oder Ihrer Prüferin (Der Einfachheit halber verwenden wir im Buch immer nur die maskuline Form, bitte sehen Sie es uns nach). Dann werden Sie sehen, dass Sie einen unbefangenen Blick auf Prüfungen gewinnen können. Dabei steht im Vordergrund, dass wir Ihnen die Angst vor Prüfungen nehmen wollen, aber nicht den Respekt.

3. Vorbereitung

Es ist manchmal kaum zu glauben, was man alles falsch machen kann. Zu diesen Dingen gehört in erster Linie das Versäumen von Terminen – ein vollkommen überflüssiger Fehler und Stressfaktor.

Der erste wichtige Schritt bei der Prüfungsvorbereitung ist der Gang zum Prüfungsamt und (!) der Blick in die Prüfungsordnung. Vor allem sollten Sie dabei auf Fristen achten und auf keinen Fall bis zum letzten Tag warten. Was spricht dagegen, alles gleich zu Beginn des Semesters zu machen? Verlassen Sie sich, nebenbei gesagt, auf keinen Fall auf das, was Mitstudenten über Prüfungsanforderungen sagen. In aller Regel sind diese Informationen unvollständig oder sogar falsch.

Die wichtigsten Schritte zur Prüfung:

- Orientierung in der Studienordnung über die allgemeinen Anforderungen: Termine!
- Wahl eines Seminars oder einer Vorlesung nach Neigung und Notwendigkeit
- Wahl eines Prüfungsthemas: Erste Sprechstunde, allgemeine Besprechung gleich zu Beginn des Semesters
- Anmeldung zur Prüfung mit genügend Spielraum vor dem letztmöglichen Termin

- Literaturrecherche: zweite Sprechstunde, Eingrenzung des Themas, Bibliographie mit dem Prüfer besprechen
- Lektüre und Lernen: dritte Sprechstunde: evtl. weitere Eingrenzung und Terminabsprache
- Letzte Terminbestätigung ein paar Tage vor der Prüfung

3.1 Lesen

Der entscheidende Punkt beim wissenschaftlichen Lesen ist das Schreiben. Das heißt, es ist nicht genug, einen Aufsatz nach dem anderen zu lesen und dann abzuheften. Es ist sinnvoller, zu jedem gelesenen Text eine Zusammenfassung anzufertigen und ihn zusammen mit dem Text abzulegen. Da die meisten Texte ohnehin als Fotokopien gelesen werden, bietet es sich an, diese Exzerpte ebenfalls auf DINA4-Papier zu schreiben.

Eine gute Idee ist es auch, die Exzerpte auf farbigem Papier zu schreiben, wie man es in jedem Copy-Shop kaufen kann. Besonders gut eignen sich helle Farben, wie leichtes Blau oder helles Gelb, das die Augen nicht anstrengt, aber deutlich zu erkennen ist. Die Farbe hat mehrere Funktionen:

- Sie hebt Ihre Notizen optisch vom Rest ab. Dadurch wird auf einen Blick ersichtlich, was von Ihnen stammt und was nicht. Somit gewinnt Ihr Material eine bessere Struktur.

- Die Farbe stimmt Sie auf die Bedeutung der Information ein. Immer, wenn Sie diese Farbe sehen, assoziieren Sie automatisch damit, dass es sich um Zusammenfassungen handelt. Wieso sollte man diesen (Pawlow'schen) Effekt nicht nützen?

- Die Exzerpte sind leichter zu finden, wenn Sie einen Stapel von mehreren Kopien angelegt haben.

Diese Notizen haben im Idealfall die Form eines ausführlich kommentierten Inhaltsverzeichnisses. In einer Spalte steht die Seitenzahl und ein Index (falls pro Seite mehrere Zitate angestrichen sind), in der anderen ein kleiner zusammenfassender Satz oder ein direktes Zitat aus dem Text. Auf dem Papier des Originals sind diese Verweise ebenfalls markiert, nämlich unterstrichen und mit Nummern versehen, wenn es pro Seite mehrere gibt. Das hat dann folgende Form auf dem Exzerpt (nehmen wir an, das folgende Zitat sei für Ihre Prüfung relevant):

So stehen dann alle relevanten Informationen des Texts zusammengefasst auf einem Blatt untereinander. Dieses Inhaltsverzeichnis ist Ihr Schlüssel zum Verständnis der Quelle.

S. 256, a 1995 fand in Berlin die erste Vertragsstaatenkonferenz zur Klima-Rahmenkonvention statt, die 1992 in Rio gezeichnet wurde.

Das Exzerpt ist folgendermaßen zu lesen: auf Seite 256 lautet das erste Zitat (a) "1995 fand in Berlin die erste Vertragsstaatenkonferenz zur Klima-Rahmenkonvention statt, die 1992 in Rio gezeichnet wurde", es betrifft die Begriffe "*1995 Konferenz, und Rahmenkonvention 1992 von Rio*" (aus: Tatsachen über Deutschland, Societäts Verlag, Frankfurt / M 1995)

Auch in späterer Zeit können Sie dieses Zitat leicht wiederfinden und mit einiger Wahrscheinlichkeit haben Sie es jetzt bereits auswendig gelernt. Ein wichtiger Vorteil in der Prüfung!

Jeden wichtigen, größeren Text, den Sie in Ihrem Studium lesen, sollten Sie derart zusammenfassen und abheften. Das Ergebnis ist eine sehr strukturierte und effektive Sammlung, die Sie jederzeit wieder verwenden können.

Natürlich dauert es länger, auf diese Art zu lesen, aber andererseits sparen Sie auch Zeit, wenn Sie in einem späteren Semester oder bei Ihrer Abschlussarbeit auf diese Problematik zurückkommen wollen oder müssen.

Auf diese Weise wird eine Menge Papier entstehen. Hier beginnt eine weitere Aufgabe: Erstellen Sie ein System, mit dessen Hilfe Sie sich in Ihren Aufzeichnungen zurechtfinden können. Eine sehr simple Methode hat sich bewährt: Sortieren Sie Ihre Lektüre in drei Stapeln, rechts die noch zu lesenden Texte, direkt vor sich die aktuellen Texte und links die bearbeiteten Texte. Abgesehen davon, dass es ein schönes Gefühl ist, einen Stapel schrumpfen und den anderen wachsen zu sehen, hat diese Methode den großen Vorteil, dass sie unschlagbar übersichtlich ist. Innerhalb der Stapel ist ebenfalls eine Ordnung notwendig, vor allem im Stapel der gelesenen Texte. Kommentieren Sie jeden Text mit einem kleinen Zettel (besser Post-its), auf dem Sie Verweise zu anderen Texten schreiben. Etwa so, wie es in einem Aktenordner mit so genannten "Reitern" gemacht wird. Wenn schließlich alle Kopien derart eingeordnet sind, fällt es Ihnen leicht herauszufinden, ob Sie nicht ein Thema vergessen haben.

3.2 Mindmapping

Das eigentliche Lernen und Lesen kann Ihnen keiner abnehmen. Aber: Hier kann und muss man mit System vorgehen: Als Plan für die Lektüre wird eine Lektüreliste erstellt, die man seinem Prüfer vorlegt. Eine solche Lektüreliste sieht ganz genauso aus, wie eine Bibliographie einer Hausarbeit. Eventuell sind einzelne Titel mit Bemerkungen versehen, die zum Beispiel den Standort des Buches betreffen. Es empfiehlt sich auf jeden Fall, die Lektüreliste gemeinsam mit dem Prüfer zu planen. Das bedeutet: Die Lektüreliste muss bereits vor der Lektüre angefertigt werden, sonst hat sie keinen Sinn.

Jeder Student eignet sich gewisse Lernmethoden an, die er im Laufe seines Studiums perfektioniert. Doch gerade bei mündlichen Prüfungen ist das Sprechen wichtig. Üben Sie also die Sprechsituation: Halten Sie Ihren Vortrag so oft laut wie es geht, erst mit, dann ohne Notizen, erst ohne Zuhörer, dann mit Publikum. Noch einmal: Proben Sie Ihre Prüfung mit sich selbst. Erst, wenn Sie in der Lage sind, selbst Fragen und Antworten zu Ihrem Thema zu erstellen, können Sie davon ausgehen, dass Sie das Thema beherrschen. Entscheidend ist, dass Sie dabei laut sprechen.

Natürlich ist nicht der ganze "Mind" gemeint, für den eine "Landkarte" gezeichnet werden soll, es soll vielmehr eine Landkarte eines speziellen Themas werden, nach der man sich in der Abstraktion wissenschaftlicher Zusammenhänge genauso orientieren kann, wie ein Wanderer in einem Gebirge. Mindmapping ist also eine Lern- und Vortragstechnik, die sowohl dem Vortragenden als auch dem Publikum nützlich sein soll. Diese Technik beruht auf der Tatsache, dass wir häufig mit dem Problem der Überfülle konfrontiert sind, wenn wir ein Thema darstellen wollen und am liebsten alles gleichzeitig sagen würden.

Da das nicht geht, müssen wir einen Weg finden, unsere Inhalte in der richtigen Reihenfolge darzustellen. Genau hierzu dient das Mindmapping. Man benötigt dazu nicht mehr als ein großes Blatt Papier (DINA3, quer ist ideal) und einige Farbstifte.

Schreiben Sie nun in die Mitte des Blatts das Thema Ihrer Prüfung. Jetzt überlegt man, welche anderen Begriffe der Prüfung mit diesem ersten Begriff in unmittelbarer Beziehung stehen. Diese Verbindungen werden mit Linien zwischen den Begriffen markiert. Nachdem Sie also das Prüfungsthema aufgeschrieben haben, können Sie damit beginnen, die wichtigsten Unterkategorien zu notieren. Vielleicht hat Ihr Thema drei wichtige Kapitel. Diese hätten einen guten Platz direkt unter dem Thema. Schreiben Sie nun in aller Kürze auf, wie Sie diese Kapitel bezeichnen würden. Das kann in Form einer Frage oder in Form von Stichworten gemacht werden. Das alles sollte mit einer Farbe geschrieben werden, am besten Schwarz.

Jetzt fahren Sie fort, das Blatt auszufüllen, indem Sie andere Begriffe mit den ersten verbinden und darunter Kommentare schreiben (Jahreszahlen, Zitate, Ortsnamen, Personen, Daten etc.), wobei jede Kategorie von Kommentaren eine eigene Farbe haben sollte, so wie auf einer Landkarte analoge Formen (wie geographische Höhen) auch immer eine gemeinsame Farbe haben.

Man könnte das Erstellen einer Mindmap mit einem Streckennetz des Nahverkehrs vergleichen. Es gibt eine Menge von Stationen, die alle miteinander in Verbindung stehen, entweder direkt oder indirekt. Grundsätzlich ist es möglich, von jedem Punkt an jeden anderen Punkt zu gelangen. Es gibt zentrale Bahnhöfe, in denen viele wichtige Strecken zusammenkommen, und andere Stationen, die kaum benutzt werden. So ist es auch bei einer Mindmap. Indem Sie Zitate, Namen, Zahlen und andere Informationen farbig dazuschreiben, erstellen Sie eine Art Streckennetz eines abstrakten Themas, wobei die einzelnen Abschnitte, sozusagen die Bahnhöfe, miteinander so verbunden sind, dass es letztlich gleichgültig ist, an welchem Punkt Sie einsteigen.

Es ist möglich, von jedem beliebigen Punkt an jeden anderen beliebigen Punkt zu kommen, ohne den Gesamtzusammenhang aus den Augen zu verlieren.

Der wirkliche Gewinn bei dieser Art des Lernens ist ein klarer Überblick über das Thema und die Tatsache, dass Sie in der Lage sein werden, eine optimale Strecke hindurch finden können. In der Prüfungssituation später kann es ja sein, dass Ihr Prüfer z.B. sagt:

"So, Herr XY. Sie haben das Thema soundso gewählt, stellen Sie uns einmal diese Problematik kurz dar, nennen Sie die Hauptpunkte." Bildlich gesprochen fahren Sie jetzt einfach das Streckennetz ab. Sie beginnen bei dem wichtigsten Begriff, der in der Mitte stand, nennen dazu Jahreszahlen, wichtige Titel der Literatur, wenn möglich ein Zitat und die relevanten Unterpunkte. Nicht anders verfährt man auch bei Referaten oder Vorlesungen.

Da Sie den Inhalt graphisch gestaltet vor sich sehen, können Sie nun immer ungefähr wissen, welchen Bereich Sie schon erwähnt haben und welcher noch offen steht. Das ist ein wertvoller Vorteil, denn falls der Prüfer eine Frage stellt, die Ihnen zu detailliert ist, können Sie mit der Bemerkung kontern, dass Sie zuvor noch auf einen anderen Sachverhalt eingehen möchten. Dank der Mindmap können Sie sicher sein, dass dieser andere Sachverhalt auch wirklich zum Thema gehört.

Mögliche (Farb-)Kategorien einer Mindmap

- Namen handelnder Personen
- Namen von wichtigen Autoren zu Ihrem Thema
- Ortsnamen
- Fachbegriffe oder Abstraktes
- Zitate oder markante Formulierungen aus der Literatur
- Jahreszahlen

Wichtig allein ist, dass diese Farben konsequent, also durchgehend und einheitlich angewendet werden, sowohl in den Exzerpten als auch in der Mindmap. Am Ende haben wir eine Art Kunstwerk vor uns, ein mehr oder weniger eindrucksvolles Bild mit formelhaften Zeichen und Namen, das nur Sie wirklich lesen können. Allein die Herstellung dieses Plans ist schon ein wichtiger Lernprozess. Indem wir schreiben und zeichnen, prägen wir uns Informationen wesentlich besser ein, als wir es durch bloße Lektüre jemals vermögen.

Die spielerische Beschäftigung mit einem Thema ist eine sehr effektive Art, sich das Thema zu erschließen.

Genau das ist auch die didaktische Stärke einer Mindmap: Sie verdeutlicht uns Zusammenhänge von Informationen auf eine Weise, die zugleich an unsere Fähigkeit, Texte zu verstehen (rationales, logisches Denken), appelliert, und an unsere Fähigkeit, Formen zu erkennen und Bilder zu verstehen (kreatives, figürliches Denken). Da nun beide Arten des Denkens aktiv werden und nicht nur eine, erhöht sich unsere Intelligenzleistung und somit auch die Lernfähigkeit. Nur, wenn wir gezwungen sind, einen Inhalt darzustellen, können wir überprüfen, ob wir ihn auch verstanden haben. Die Mindmap ist ein solcher Test.

Im Laufe der Zeit kann es passieren, dass Sie sich eine Art reduzierter Mindmap erstellen müssen, da Sie deren alte Einzelheiten schon kennen und Platz für neue benötigen. Wenn Sie die neue Karte dann weitgehend aus dem Kopf reproduzieren können, hat die Mindmap ihren Sinn erfüllt. Jetzt beherrschen Sie das Thema.

An diesem Punkt beginnt ein wesentlicher Teil der Vorbereitung: Jetzt stellen Sie sich auf den Standpunkt eines Prüfers. Überlegen Sie sich Fragen zu Ihrem Thema und schreiben Sie sie auf. Stellen Sie sich vor, Sie müssten einem sehr wortkargen Kandidaten mit diesen Fragen Antworten entlocken. Daher sollten diese Arbeitsfragen oder Übungsfragen das gesamte Spektrum von banal bis anspruchsvoll abdecken. Auf mehreren Blättern Papier legen Sie damit eine Sammlung an, die Sie im Idealfall mehrmals neu ordnen. Diese Sammlung wächst parallel zu Ihrem übrigen Material und hilft Ihnen, noch während Sie lernen, die Haltung des Prüfers vorwegzunehmen.

Diese Technik reduziert das Risiko auf überraschende Fragen erheblich. Andererseits wird Ihr Prüfer später mit Garantie eine Frage stellen, mit der Sie nicht gerechnet haben, die aber doch auf der Hand lag. Um auch dieses Risiko zu reduzieren, hilft nur eines: eine Lerngruppe. Ein Beispiel für eine Mindmap sehen Sie ganz hinten in diesem Buch.

Leiden Sie unter Nervosität? Wenn Sie das Gefühl haben, dass Sie vor lauter Nervosität keinen konzentrierten Gedanken mehr zustande bringen, dann haben Sie aller Wahrscheinlichkeit nach noch keine positive Einstellung zu Ihrer Aufregung gefunden. Nervosität ist ein Hilfsmittel, um unsere Reserven zu mobilisieren. Stress setzt Energien frei, die wir nützen müssen. Dabei ist es entscheidend, dass wir Stress als Hilfe ansehen und nicht als Bedrohung. Lassen Sie sich von Ihrer Nervosität nicht lähmen, sondern beflügeln. Wenn Sie spüren, dass die Nervosität in Ihnen aufsteigt, dann sagen Sie sich, dass Sie jetzt in Form kommen. Sie müssen wissen, dass wir ohne Stress keine Höchstleistungen erbringen können. Daher ist es gerade für eine Prüfung gut, wenn wir aufgeregt sind.

Man kann sich sogar auf den Standpunkt stellen, dass Nervosität ein Genuss ist. Das klingt vielleicht zunächst unsinnig, ist es aber nicht. Es gibt Menschen, die von Stress-Situationen regelrecht abhängig sind. Diese Menschen verstehen es, Angst in Begeisterung umzuformen. Auch wenn Sie vor einer Prüfung nicht in der gleichen Weise in Stress geraten wie ein Extremsportler, so können Sie doch deren Einstellung für sich übernehmen. Versuchen Sie Ihre Nervosität als den Versuch Ihres Körpers aufzufassen, Ihnen zu helfen. Nehmen Sie diese Hilfe an. Gegen Nervosität kann man wenig machen, mit ihr aber eine Menge.

4. Prüfungen

Eine Prüfung ist ein Gespräch, und wie dieses hat auch eine Prüfung einen Anfang und ein Ende. Das sind zentrale Bestandteile, denn nicht nur entscheidet sich in den ersten Sekunden einer Begegnung, wie diese verlaufen wird, es ist auch notwendig, einen guten Endpunkt zu finden. Über die Psychologie dieser ersten Sekunden ist viel geschrieben worden. Wichtig erscheint uns nur ein Punkt: Kommen Sie pünktlich und treten Sie frisch auf, dann kann nichts passieren. Manche Kandidaten verwenden einen alten Trick, bevor es losgeht, sie stellen eine sogenannte JA-Frage. Das ist eine Frage, auf die man mit "Ja" antworten muss. Der Sinn einer solchen Frage ist klar: Sie schafft eine positive Grundeinstellung. Die berühmteste Version einer JA-Frage ist vielleicht diese aus dem Kasperletheater: "Na, Kinder, seid ihr alle da?" Man muss nur sichergehen, dass die Antwort auch entsprechend ausfällt, etwa, wenn man weiß, dass man zu dritt sein wird, und dann fragt: "Sind wir vollzählig?"

Es gibt eine ganz Menge solcher Fragen. Was in Wirklichkeit zählt ist jedoch Natürlichkeit, und die kann man am besten dadurch erreichen, dass man seinen Prüfer kennenlernt, bevor es schließlich ernst wird.

Es ist niemals eine schlechte Idee, ein kleines eröffnendes Gespräch zu führen, um sein Gegenüber "anzuwärmen", bevor die eigentliche Prüfung eröffnet wird. Unterschätzen Sie diesen Teil einer Begegnung nicht. Man kann davon ausgehen, dass die ersten Augenblicke einer Begegnung maßgeblich über den Erfolg oder Misserfolg entscheiden. Daher sollten wir diesen Anfang immer auch selbst aktiv gestalten.

Normalerweise beginnt eine Prüfung damit, dass der Kandidat sich im Sekretariat meldet. Prüfer und Beisitzer sind bereits anwesend und haben den Verlauf oder den Inhalt der Prüfung schon einmal besprochen.

Vielleicht haben sie sich auch darüber unterhalten, was sie über den Kandidaten wissen. Dann kommen Sie zur Türe herein und begrüßen die beiden Prüfer. Bei älteren Prüfern kann es eine gute Idee sein, nicht gleich selbst die Hand zu reichen, sondern zu warten, bis der Prüfer die Hand bietet. Noch während man herumsteht, ist schon die Zeit gekommen, in der Sie aktiv werden sollten. Lassen Sie sich die Initiative nicht aus der Hand nehmen. Sagen Sie irgendetwas, um ein Gespräch zu beginnen, und warten Sie dann erst ab, was passiert. Sie könnten eine Bemerkung zur letzten Vorlesung machen, ein Wort über die Jahreszeit sagen, über ein aktuelles Ereignis aus dem Fach etwas sagen, oder was auch immer; der Inhalt ist eigentlich egal, es kommt allein darauf an, dass man nicht schweigt und wartet, sondern zeigt, dass man in der Lage ist, die Situation souverän zu bestehen (auch wenn man sich gar nicht so fühlt).

Manche Prüfer bieten ihren Kandidaten ein Getränk an, eine sehr gute Möglichkeit, ein wenig Smalltalk zu betreiben. Dann wird man Sie auffordern, Platz zu nehmen, und während der Beisitzer seine Papiere ordnet, wird der Prüfer Sie fragen, ob Sie sich körperlich und geistig in der Lage sehen, eine Prüfung abzulegen. Das ist nur eine Formalität. Ab jetzt wird die Zeit so rasend schnell vergehen, dass Sie es kaum merken.

In der Regel wird ein einleitender Satz des Prüfers feststellen, für welches Prüfungsthema Sie sich entschieden haben. Dann wird man Sie auffordern, das Thema allgemein darzustellen. Diese Frage hat die Aufgabe, das Gespräch zu eröffnen. Deshalb ist sie so unpräzise gestellt. Das birgt Risiken, aber da Sie eine Mindmap angefertigt haben, können Sie sehr rasch und leicht einen guten ersten Überblick über die Thematik geben und im Gegenzug fragen, auf welche Gebiete Sie insbesondere eingehen sollen. Hier ist es wichtig, dass diese erste Darstellung so lange wie möglich und so gut wie möglich abgehalten wird, denn diese erste Präsentation Ihres Wissens ist die Grundlage der sich anschließenden Diskussion.

Da Sie Ihren Lerninhalt bereits mehrfach laut vorgetragen haben, fällt es Ihnen nicht schwer, eine klar strukturierte und auch interessante Einleitung zu geben. Rechnen Sie immer damit, dass Sie Ihren Plan schon nach wenigen Sekunden nicht mehr einhalten können, sondern neue Arten der Darstellung erfinden und Dinge erwähnen, die Sie nach den Übungen zuhause erst später sagen wollten. Das ist vollkommen normal, denn nichts, was man alleine probt, bleibt so, wenn andere hinzukommen. Sie sind aber jetzt in der Lage, diese Darstellung nach Ebenen zu bewerten, weil Sie mittels der Mindmap alle Aspekte des Themas vor Augen haben.

4.1 Sachebenen

Wissenschaftliche Inhalte und Diskussionen haben immer mehrere Ebenen. Da ist zunächst die Tatsachenebene, also die Ebene, auf der die Informationen selber liegen, etwa Jahreszahlen, Gewichtsangaben, persönliche Beziehungen zwischen Menschen und so weiter. Dieses sind die Tatsachen, über die man spricht, etwa, dass "Krieg und Frieden" ein Roman von Tolstoi ist. Auch der Inhalt des Romans gehört hierher. Das ist die Ebene der Quellen und der Primärliteratur.

Die zweite Ebene ist die der Sekundärliteratur (Publikationen, Rezensionen etc.). Hier findet man Informationen darüber, was andere über die erste Ebene gesagt oder geschrieben haben, etwa, dass der Kritiker XY diesen Roman von Tolstoi nicht mochte, und wie er seiner Abneigung Ausdruck gab.

Die dritte Ebene verhält sich zu zweiten Ebene wie die zweite zur ersten Ebene. Hier haben die Kommentare über die Sekundärliteratur ihren Platz. Diese Kommentare können von Ihnen stammen oder von anderen Autoren. Daher gehört der folgende Satz in die dritte Ebene: "Ich glaube, dass der Kritiker XY mit seinem Urteil voreilig war, als er Krieg und Frieden ablehnte, weil..."
Die vierte Ebene bezieht sich auf die Darstellungsart der dritten Ebene. Hier können Sie darüber sprechen, auf welche Weise oder wann Sie über die Sekundärliteratur diskutieren wollen und warum. In unserem Beispiel von Tolstoi, dem Kritiker und Ihnen sieht das so aus:
"Ich glaube, dass der Kritiker XY mit seinem Urteil voreilig war, als er Krieg und Frieden ablehnte, aber auf diesen Punkt komme ich später noch einmal zurück, wenn wir über die anderen Kritiker sprechen."

Um diese vier Ebenen auseinanderzuhalten, helfen die Mindmap und Ihre gesamte Vorbereitung, sofern sie nicht nur im Pauken von rohen Inhalten bestand. Wenn Sie also im Verlauf Ihrer Darstellung einen Fehler in der Reihenfolge begehen, so wechseln Sie einfach nur von der ersten oder zweiten Ebene auf die vierte und korrigieren Sie das Versehen. Ganz entscheidend bei dieser Art der Unterhaltung ist jedoch eines: Machen Sie immer klar, auf welcher Ebene Sie debattieren. Eine Maxime der Rhetorik lautet: "Sage, was du sagen wirst, sage es, sage, was du gesagt hast".

Das bedeutet: Man soll nicht einfach Wissen aufsagen, eine Tatsache nach der anderen vorbeten, sondern immer klar machen, warum man etwas erwähnt. Es ist nicht nur rücksichtsvoller gegenüber den Zuhörern, wenn man kurz ankündigt, dass man im Folgenden über die Sekundärliteratur sprechen wird, es hilft auch maßgeblich, die eigenen Gedanken zu ordnen. Nur, wenn man Inhalte geordnet vortragen kann, wird man auch verstanden, nur wenn Sie verstanden werden, bekommen Sie eine gute Note.

Daher sind strukturierende Redemittel von höchster Bedeutung in jedem Vortrag, obwohl sie streng logisch gesehen nicht notwendig wären, da jeder Zuhörer sich selbst einen Reim auf die Abfolge der Gedanken machen könnte.

Es ist jedoch ein Irrtum zu glauben, dass der Zuhörer die Strukturierung gerne selber übernimmt. Gerade für Prüfungen gilt: Sie müssen zeigen, dass Sie in der Lage sind, klare sprachliche Bauwerke zu errichten. Denn nicht die Intelligenz Ihres Publikums soll geprüft werden, sondern Ihre Fähigkeit, ein Thema darzustellen.

Man darf sich nicht aus der Ruhe bringen lassen. Auch wenn es vorkommen sollte, dass Sie den Faden verlieren oder nicht weiterwissen bzw. auf eine Frage nicht antworten können, dann heißt das noch lange nicht, dass die gesamte Prüfung verloren ist. Auch hier zahlt es sich aus, wenn man das Thema als Mindmap verinnerlicht hat. Sobald Sie an einen toten Punkt angekommen sind, begeben Sie sich einfach wieder zum Ausgangspunkt zurück und fangen erneut an. Im Idealfall gelingt Ihnen dieser Übergang so schön, dass Ihr Prüfer nicht einmal bemerkt, dass Sie kurze Zeit irritiert waren. Aber auch, wenn man Ihnen in der Tat eine Wissenslücke nachweist: Keine Prüfung scheitert an einer unbeantworteten Frage. Nur müssen Sie auf diese Frage in irgendeiner sprachlichen Form reagieren, das ist eigentlich alles. Verfallen Sie also niemals in Schweigen, wenn Sie etwas nicht wissen, sondern sprechen Sie selbstbewusst weiter, geben Sie Ihre Wissenslücke einfach zu, es ist nichts dabei.

Wenn Sie den Eindruck haben, dass ein bestimmter Zusammenhang innerhalb des Themas sehr gut mittels einer Zeichnung darzustellen ist, dann nützen Sie diese Gelegenheit. Sie dürfen unbeschriebenes Papier und einen Stift mitbringen und gleich zu Beginn der Prüfung auf den Tisch legen, sofern diese Sachen nicht ohnehin bereitliegen. Wenn die Sprache dann auf das betreffende Thema kommt, fragen Sie kurz um Erlaubnis, ob Sie den Umstand kurz zeichnerisch darstellen dürfen ("Sage, was Du tust!"), und schon haben Sie mit Sicherheit nicht nur einen positiven Eindruck hinterlassen, Sie haben auch bewiesen, dass Sie ein Thema mit einfachen Hilfsmitteln darstellen können.

Die Reihe der dtv-Atlanten ist hierfür übrigens eine hervorragende Quelle für Diagramme zu einer Vielzahl wissenschaftlicher Disziplinen (von deren Themen man nicht erwarten würde, dass Sie überhaupt in Diagrammform darstellbar sind). Diese Diagramme schnell und gut zu zeichnen kann man selbstverständlich üben. Sie werden sehen: Sobald man etwas zum Ansehen hat, wird das Gespräch wesentlich lockerer, da beide Gesprächspartner nun – buchstäblich – die gleiche Sache vor Augen haben.

Nach einer sehr kurzen Weile ist die Prüfungszeit vorbei und der Prüfer wird Sie auffordern, den Raum für einige Momente zu verlassen, damit er sich mit seinem Beisitzer über die Note beraten kann. Wenn Sie nun aufstehen, nicken Sie beiden Prüfern kurz und freundlich zu, bevor Sie gehen. Dann warten Sie vor dem Raum, bis man Sie wieder hereinholt, um Ihnen das Ergebnis mitzuteilen. Meistens geht der Notenbekanntgabe eine kurze Einschätzung des Prüfers voraus. Man wird Ihnen Stärken und Schwächen mitteilen und dadurch die Note begründen. Diese Einschätzung kann einige Minuten in Anspruch nehmen. Am Ende kann es sein, dass man Sie fragt, ob Sie sich mit der Note gerecht beurteilt fühlen.

4.2 Der Beisitzer

Beisitzer spielen eine wichtige Rolle in Prüfungen. Ihre Aufgabe ist es, das Gespräch zu protokollieren. Beisitzer sind also Zeugen des Prüfungsgesprächs und helfen dem Prüfer, die Diskussion Revue passieren zu lassen. Dabei fließen die Eindrücke, die der Beisitzer von Ihren Ausführungen gewinnt, maßgeblich in die Note mit ein. Saubere und ehrliche Darstellungen werden vom Beisitzer wesentlich stärker berücksichtigt als vom Prüfer, denn der Beisitzer macht sich Notizen, die er ständig vor Augen hat.

Der Beisitzer wird daher vielleicht seltener Blickkontakt zu Ihnen halten als der Prüfer. Nehmen Sie diesen Blickkontakt selber auf. Wenden Sie sich in Ihren Ausführungen auch an den Beisitzer und beziehen Sie ihn mit in das Gespräch ein. So gewinnen Sie dessen Wohlwollen und sichern sich eine günstigere Beurteilung.

In der Regel wird der Beisitzer einer Prüfung ein Assistent oder eine studentische Hilfskraft sein, die allerdings schon ein Examen gemacht hat. Je weiter fortgeschritten der Beisitzer in seinen Studien ist, desto wahrscheinlicher wird er oder sie eventuell auch einen kleinen Beitrag leisten. Das sollte Sie nicht irritieren. Je besser Sie den Beisitzer in Ihren Vortrag einbezogen haben, desto natürlicher wird es Ihnen vorkommen, wenn auch von dessen Seite ein Beitrag kommt.

5. Redewendungen

Dunkelheit und Undeutlichkeit des Ausdrucks ist allemal ein sehr schlimmes Zeichen (Schopenhauer)

Die folgende Liste enthält typische Redewendungen, wie sie im wissenschaftlichen Sprachgebrauch üblich sind. Sie kennen diese Wendungen natürlich alle, und eigentlich ist es nicht notwendig, diese Formulierungen festzuhalten. Doch ist es leider eine Tatsache, dass viele Kandidaten in Prüfungen in vollkommen unwissenschaftliche Diktion verfallen und sich somit selbst sabotieren. Gerade Anfänger haben oft das Gefühl, dass die wissenschaftliche Ausdrucksweise im Grunde affektiert sei und verwenden aus Unsicherheit eine falsche Sprachebene – mit katastrophalen Folgen für die Note. Deswegen kann man sich nicht früh genug daran gewöhnen, die korrekte, weil übliche Sprache zu erlernen.

Wenn auch der Inhalt Ihrer Rede gut und korrekt sein mag, so ist doch immer auch die Form entscheidend. Ohne solche Redewendungen kann kein gutes oder sehr gutes Resultat erzielt werden. Vor der Prüfung kann man die folgende Liste daher einfach einmal lesen, um sich auf den Sprachgebrauch einzustimmen, mehr muss es nicht sein. Es wurde auch die Erfahrung gemacht, dass es hilft, einfach einige der Sätze laut zu lesen, um den richtigen Tonfall anzunehmen, der Rest kommt dann von selbst.

Selbstverständlich ist die folgende Liste keine kanonische Sammlung. Man kann sie kürzen oder um bestimmte Formulierungen erweitern. Der entscheidende Faktor dabei ist jedoch der, dass man sich mit der wissenschaftlichen Redeweise ebenso beschäftigt, wie mit den eigentlichen Inhalten selber.

Im folgenden Teil finden Sie eine Liste mit Beispielhaften Redewendungen, die Sie in dieser Form oder abgeändert verwenden können, um Ihre wissenschaftliche Sprache zu vervollkommnen. Fassen Sie diese Liste als Anregung auf: Beim lauten Vorlesen solcher und ähnlicher Formulierungen kommen wir sozusagen in eine "wissenschaftliche Stimmung", denn unsere Wortwahl beeinflusst immer auch unsere Befindlichkeit.

- **Einleiten, ein Thema fassen**

Ich werde folgendes Thema... untersuchen und dabei versuchen zu zeigen, dass

Das übergeordnete Thema heißt ...

Wie nähert man sich einem solchen Komplex an?

Wir beschäftigen uns mit dem Thema ..., das bedeutet:

Wenn man über ... schreibt, muss man über folgende Punkte nachdenken:

Unser Thema hat vier grundlegende Kapitel, erstens ..., zweitens...

- **Ein Thema eingrenzen**

Ich möchte mich auf die Frage beschränken, ob ...
Im Mittelpunkt steht die Frage, wie ...
Ich will besonders einen Aspekt diskutieren, und zwar:
Besonders die folgende Frage verdient unsere Aufmerksamkeit:

- **Ein Thema präsentieren**

Immer, wenn man über ... spricht, hat man es auch mit ... zu tun
Das Thema ... ist schon häufig diskutiert worden, und zwar vor allem von:
In der Forschung spielt die Frage eine große Rolle, ob ...
Die Kontroverse zwischen ... und ... kommt seit Jahren nicht zur Ruhe.
Bis Einstein war man der Ansicht, dass ...

- **Meinung formulieren**

Ich bin seit der Lektüre von XY der Überzeugung, dass
Ich sehe diese Problematik im Grunde so:
Ich vertrete um des Arguments willen jetzt einmal folgende Auffassung:
Meiner Ansicht nach verhält es sich so, dass
Für mich ergibt sich dabei folgendes Bild:
Das ließe sich dadurch begründen, dass

- **Abstreiten, Widersprechen:**

Da bin ich ganz anderer Ansicht:

Ich möchte dem in einem Punkt widersprechen:

Ich muss da leider grundsätzlich widersprechen

Dem kann ich ganz und gar nicht zustimmen

Ich glaube, dass man das so nicht gemeinhin sagen kann

Ich sehe das vollkommen anders, und zwar ...

Das ist für mich unvereinbar mit ...

Diese These erscheint mir vollkommen indiskutabel

- **Eine fremde Meinung darstellen**

XY vertritt die meiner Meinung nach berechtigte Auffassung, dass

Es ist von vielen Seiten gesagt worden, dass

In / bei... herrscht die Meinung vor, dass

Gegen diese Behauptung ist von vielen Seiten gesagt worden, dass

Gegen diese Interpretation ist der Beweis angeführt worden, dass

Dagegen könnte man einwenden, dass

Häufig wird das jedoch anders empfunden, nämlich

Diese Idee stößt auf wenig Sympathie bei ...

- **Erklären**

Das hatte folgenden Grund:

Das lässt sich so erklären / das kam so:

Das war die durchaus logische Folge des ...

Dieser Umstand wurde unmittelbar durch ... verursacht

Dieses Problem entstand im Wesentlichen durch ...
Dieses Ereignis war das Resultat einer ...
Das hing nach dem Blickwinkel der XY kausal zusammen mit ...
Das hatte sich zwangsläufig aus ... ergeben

- **Zweifel ausdrücken**

Da wäre ich mir nicht so sicher
Ist das wirklich so?
Wäre es dagegen nicht plausibler zu behaupten, dass
Kann man das überhaupt so sagen?
In diesem Punkt wäre ich vorsichtig, denn ...
Man darf bei solchen Aussagen immer skeptisch sein.
Wie kommt man auf diese These?
Was steckt da wirklich dahinter?
Aus welchem Grund wird das gesagt?
Haben wir tatsächlich Anlass, dieser Erklärung zu vertrauen?

- **Gegenteilige Entwürfe machen**

Ich will es vielmehr so ausdrücken
Ich glaube, dass wir vom Gegenteil ausgehen sollten, und zwar
Es ist vermutlich genau andersherum, da ja ...
Ich glaube, dass es sich genau umgekehrt verhält, nämlich ...
Könnte es nicht vielmehr sein, dass genau das Gegenteil wahr ist?
Möglicherweise sind die Argumente der Gegenseite stärker.

- **Vermitteln**

Die Wahrheit liegt wohl irgendwo dazwischen

Es scheint, dass beide Seiten in der Tat gute Argumente haben

Ein möglicher Kompromiss könnte so aussehen:

Man könnte sich vielleicht auf Folgendes einigen:

Vermutlich ist das ein unlösbares Problem, man könnte höchstens vorschlagen...

- **Objektivität**

Es ist allgemein bekannt / anerkannt

In der Literatur ist man sich im Großen und Ganzen darüber einig, dass

Aus den Zahlen geht eindeutig hervor, dass

Es kann kein Zweifel daran bestehen, dass

Es muss doch vollkommen klar gewesen sein, dass

Natürlich ist es so, dass

Dafür gibt es eindeutige Beweise, nämlich

Es war in ... schon immer so, dass

Die Erfahrung hat gezeigt, wie sehr XY abhängig ist von ...

- **Ausblick geben**

Die Zukunft wird zeigen, ob

In welchem Maße das eintreffen wird, muss sich zeigen

Es wird sich erweisen, inwiefern

Es bleibt zu hoffen, dass

Es bleibt abzuwarten, wie

Man kann nur hoffen, dass

Hier ist die Forschung noch nicht zu endgültigen Ergebnissen gelangt

- **Definieren**

Unter ... versteht man allgemein, dass
Für ... ist es typisch, dass
Alle ... sind ...
Die Definition von ... lautet nach XY:
XY hat das folgendermaßen definiert:
Es gehört zum Wesen der ..., dass
Ein Hauptmerkmal der XY ist,
Ein entscheidendes Charakteristikum von XY besteht darin, dass
Die Eigenschaft des ... unterscheidet die XY von den anderen ...
Es gibt kein XY ohne Y und daher...

- **Zitieren**

Es war XY, der einmal sagte: "..."
War es nicht XY, der zu einer vergleichbaren Fragestellung sagte, dass ...?
"... " So hat es XY treffend formuliert.
Es gibt einen passenden Ausspruch von XY dazu, er lautet:
Die alten Griechen hatten ein Wort dafür, sie haben "..." dazu gesagt

- **Quellen angeben**

Diese Idee habe ich bei XY gefunden

Das ist eine zentrale Behauptung bei XY

Diese Frage steht im Mittelpunkt der Kontroverse zwischen XY und YX

Im zweiten Band seiner Schrift Z schreibt XY im dritten Kapitel, dass

An diesem Punkt muss man zwei Titel nennen:

Die Autorität in diesem Bereich ist ohne Zweifel XY

Das Standardwerk dazu hat XY verfasst.

- **Zum Schluss kommen**

So etwa kann man das Thema resümieren

Zusammenfassend kann man sagen, dass

Ich will mit der Bemerkung zum Schluss kommen, dass

Ich möchte meine Darstellung mit einem Zitat von ... beenden:

In einem abschließenden Wort:

Am Ende steht die Frage, ob

Alles in allem haben wir herausgefunden, dass

6. Argumentieren

Die wissenschaftliche Literatur ist voll von Beweisen aller Arten und Qualitäten. Daher hat dieser kurze Exkurs in die Rhetorik und Logik seine Berechtigung in einem Buch über mündliche Prüfungen. Häufig muss man Zusammenhänge ja nicht nur erwähnen, sondern auch handfest beweisen.

Im folgenden Teil haben wir daher eine kleine Liste von Beweisen aufgestellt, mit denen man sich kurz beschäftigen sollte, wenn man sich für Rhetorik interessiert.
Beweise haben häufig etwa die folgende Form, wenn sie auch in der normalen Sprache nicht so dargeboten werden.

Die beiden ersten Punkte nennt man "Prämissen", den Satz in der untersten Zeile nennt man "Konklusion" oder "Schlussfolgerung".

In Textform gebracht kann das so aussehen:
"Wenn alle Menschen sterblich sind und Herr P. ein Mensch ist, dann folgt daraus, dass Herr P. sterblich ist."
Oder:
"Wenn es typisch für Menschen ist, sterblich zu sein, und Herr P. wirklich ein Mensch ist, dann kann man den Schluss ziehen, dass Herr P. sterblich sein muss."

Oder:

- "Alle Menschen sind sterblich.
- Herr P. ist ein Mensch.

Daraus folgt: Herr P. ist sterblich"

Oder:

"Herr P. ist ein Mensch, und weil alle Menschen sterblich sind, ist auch Herr P. sterblich."

In dieser Form treten Argumente zum Beispiel in der Alltagssprache auf. Sie lassen sich häufig auf die gezeigte, kurze Formel bringen, allerdings muss man dabei sehr aufpassen, denn es können Bedingungen und Folgerungen vermischt miteinander genannt werden. Formalisiert könnte man Beweise dieser Art so darstellen:

"A → B → C", so lautet die Kette bei gültigen Beweisen. Die Prämissen verbinden sich in der Konklusion zu einem Satz, der die Beziehungen der Einzelglieder zeigt. Anders gesagt, jede der Prämissen steht mit der Konklusion in Beziehung, sowohl A als auch (indirekt) B und C tauchen in der Konklusion wieder auf.

Ein Beweis dieser Art ist gewissermaßen eine Abkürzung oder eine Zusammenfassung der Prämissen, bei der es wichtig ist, dass alle Aspekte in der Schlussfolgerung wieder auftreten. Wird ein Aspekt übersprungen oder taucht er erst in der Schlussfolgerung auf, ohne vorher bedacht worden zu sein, ist der Beweis nicht korrekt, obwohl seine Aussage stimmen kann, wie wir weiter unten sehen werden.

Übung:

Bringen Sie diese zwei Kurzbeweise in eine sprachlich anspruchsvollere Form:

- Alle Tiere haben einen Blutkreislauf
- Viren haben keinen Blutkreislauf

Viren sind keine Tiere

Wenn Sie jetzt den berechtigten Einwand vorbringen, dass Seelilien auch Tiere sind, aber keinen Blutkreislauf haben, dann sind wir gezwungen, den Beweis zu erweitern; an der Aussagekraft des ersten Beweises ändert das indessen nichts.

- Alle Tiere außer Seelilien haben einen Blutkreislauf
- Viren haben keinen Blutkreislauf.

Viren sind entweder keine Tiere oder sie sind Seelilien

Haben Sie den Unterschied zwischen diesen beiden Arten des Beweisens bemerkt? Während der erste, ausgehend von der Wahrheit seiner Prämissen einen Schluss auf alle Viren zulässt, kann die zweite Art des Beweises sich nur auf Beobachtungen berufen. Zu der ersten Kategorie (man nennt sie auch logische Beweise) gehören etwa die Beweise in der Mathematik, zur zweiten (empirische Beweise) die aus den Naturwissenschaften.

Ein weiteres Beispiel:
Bisher hatte jedes bekannte Pferd ein Herz.
Es sind schon viele Pferde beobachtet worden.
Dies ist ein Pferd.
Dieses Pferd hat ein Herz.
Alle Pferde haben ein Herz.

Aber: Ein Beweis ist noch nicht allein deshalb wissenschaftlich, nur weil er mit wissenschaftlichen Begriffen aufgebaut ist.

- Alle grünen Pflanzen enthalten Chlorophyll, und einige der Dinge, die Chlorophyll enthalten, sind essbar, also sind manche Grünpflanzen essbar. (trifft zu)
- Wenn alle essbaren Pflanzen Chlorophyll enthalten, dann sind Pflanzen ohne Chlorophyll nicht essbar. (trifft nicht zu)

Wissenschaftlichkeit ist mehr als nur die stimmige Abfolge von Prämissen und Konklusionen, es kommen noch Auskünfte über den Forschungsstand und empirische Daten mit Quellenangabe hinzu (Versuche und Erfahrung haben gezeigt, dass viele Grünpflanzen essbar sind). Nur so kann zwischen Aussagen, Vermutungen und Beweisen sinnvoll unterschieden werden.

Interessant sind natürlich vor allem fehlerhafte Beweise, denn mit der Entlarvung eines Fehlschlusses kann eine gesamte wissenschaftliche Theorie zerstört werden. Man hat manchmal den Eindruck, dass die ganze Scientific Community im Grunde mit nichts anderem beschäftigt sei, als damit, bei den jeweils anderen Mitgliedern Fehlschlüsse nachzuweisen und diese dann zu publizieren. Da solche Fehlschlüsse in der Regel schwer zu finden sind, weil sie nicht in der klaren Form geboten werden, die wir hier sehen können, ist es notwendig, sich über den Charakter solcher Fehlschlüsse klar zu werden. Ist es zum Beispiel möglich, einen Beweis aufzustellen, dessen Bestandteile für sich genommen alle wahr sind, der aber dennoch als Ganzes gesehen ungültig ist? Ja, das ist möglich.

Worin liegt im Folgenden der Fehler? Lassen sich andere Beispiele als die der Hunde finden, die diesen „Beweis“ als offensichtlich falsch entlarven?

Die formalisierte Darstellung macht es deutlich: Es gibt in den Prämissen keinen Zusammenhang zwischen A und C und folglich ist auch die Konklusion nicht stimmig, wenn sie diesen Zusammenhang herstellt. Der Beweis ist falsch, obwohl der Satz einen korrekten Inhalt hat. Erinnern Sie sich an die vier verschiedenen Ebenen, mit denen man über ein Thema sprechen kann?

Auch wenn alle Bestandteile des Beweises für sich genommen wahr sind, so ist doch die Schlussfolgerung nicht wahr, denn zwischen den beiden Prämissen gibt es keinen Zusammenhang, wie ihn die Konklusion nahe legt. Wenn man anstelle "Hunde" zum Beispiel "Termiten" einsetzt, sieht man es deutlich.

- Alle Säugetiere (A) sind sterblich (B) (wahr)
- Alle Hunde (C) sind sterblich (B) (wahr)
- Also gilt: Alle Hunde (C) sind Säugetiere (A) (wahr)

Noch eine falsche Folgerung mit wahren Bestandteilen:
- Wenn der Alexanderplatz in Berlin liegt, dann liegt er in Deutschland
- Der Alexanderplatz liegt in Deutschland

Also liegt der Alexanderplatz in Berlin

Dieser Fehler gehört zu den logischen Fehlern. Es ist möglich zu zeigen, dass dieser Beweis nicht zutrifft, auch wenn man von der richtigen Welt nichts weiß und nur logisch schließt. Doch es gibt noch andere Gefahren beim Beweisen. Das sind solche Beweise, die zwar in sich korrekt sind, aber nicht auf die Welt zutreffen müssen, in der wir leben. Diese Art des Fehlers ist vermutlich die am weitesten verbreitete. Folgenden Beweis hat der große Sherlock Holmes persönlich geführt (Der blaue Karfunkel, in der Beweisform zitiert nach Wesley C. Salmon, Stuttgart 1983).

Etwas scheint hier nicht zu stimmen. Sehen Sie die Schwachstelle? Betrifft Ihr Einwand den logischen Zusammenhang zwischen Prämisse und Schlussfolgerung, oder etwas anderes? Begründen Sie Ihre Ansicht:

- Dies ist ein großer Hut
- Jemand ist der Besitzer dieses Hutes
- Die Eigentümer großer Hüte sind Menschen mit großen Köpfen
- Menschen mit großen Köpfen haben große Gehirne
- Menschen mit großen Gehirnen sind sehr intelligent

Folglich: Der Eigentümer dieses Hutes ist sehr intelligent

Oder, so ähnlich:

- Jedes Mitglied der Fußballmannschaft ist ein ausgezeichneter Spieler

Die Fußballmannschaft ist ausgezeichnet

Man sieht hier sehr gut, dass selbst korrektes logisches Schließen nicht unbedingt zur Wahrheit führen muss. Auch wenn der logische Zusammenhang innerhalb des Beweises korrekt ist, so hat doch der Schluss mit der wirklichen Welt nicht unbedingt etwas zu tun: Finden Sie die zweifelhafte Prämisse?

Hier müssen wir mit unserer Kenntnis der wirklichen Welt argumentieren, wenn wir den Beweis widerlegen wollen, denn aus einem rein logischen Standpunkt ist der Beweis vollkommen schlüssig und "wasserdicht". Aus unserer Erfahrung allein wissen wir, dass Menschen mit großen Köpfen nicht zwangsläufig auch intelligent sind. Diese Erfahrung kann auch "empirisch" genannt werden.

Das letzte Beispiel hatte eine so genannte "implizite Prämisse". Es wird stillschweigend vorausgesetzt, dass die Summe aller Einzelpersonen automatisch auch eine Mannschaft ergibt, deren Wert genau der Summe der Qualitäten der Einzelnen entspricht. Diese Voraussetzung ändert die komplette Aussage. Wenn man jedoch die implizite Prämisse einbaut und damit einräumt, dass möglicherweise eine Fehlerquelle darin liegt oder dass die erste Prämisse nicht absolut gilt, so hat man den Beweis "stark" gemacht. Jetzt ist er weniger angreifbar, da eine (weitere) explizite Prämisse aufgenommen worden ist. Diese Technik ist von zentraler Relevanz in jeder wissenschaftlichen Argumentation.

In seiner starken Form würde daher der Beweis so aussehen:

- Jedes Mitglied der Fußballmannschaft ist ein ausgezeichneter Spieler
- Wenn eine Mannschaft nichts anderes ist, als die Summe der Spieler, dann gilt: Die Fußballmannschaft ist ausgezeichnet

Auf diese Weise müssen Sie auch zu Ihren Schlussfolgerungen kommen. Das heißt konkret: Versuchen Sie, mögliche Einwände zu Ihren Thesen vorwegzunehmen und in Ihre Schlussfolgerung mit aufzunehmen. Erst, wenn Sie sich einen Eindruck von der Gegenseite machen können, das heißt, wenn Sie in der Lage sind, mögliche Gegenargumente zu antizipieren, können Sie Ihre These weitergehend verteidigen. Wenn Sie das nicht tun, wird Ihre Argumentation schon nach wenigen Kritikpunkten zusammenbrechen. Das heißt: Nehmen Sie die Schwachpunkte bewusst in Ihre Argumentation mit auf!

Man soll sich nie darauf verlassen, dass der Gesprächspartner diese Schwachpunkte nicht finden wird. Man kann nur vorsorgen, indem man die Einwände vorwegnimmt und sie dadurch entkräftet.

Es gibt auch Beweise, die uns nicht wirklich weiterbringen, weil sie sozusagen eine Endlosschleife erzeugen und sich immer im Kreise drehen. Ein sehr berühmtes Beispiel für Beweise, die im Paradoxen enden, ist sehr alt und hat folgende Form:
„Der Kreter Epimenides sagte, dass alle Kreter Lügner sind."
Oder, etwas moderner: „Diese Aussage ist falsch."

Warum ist es unmöglich, diesen Satz als endgültig wahr oder falsch einzustufen? Wenn der Satz wahr ist, muss er gleichzeitig auch falsch sein, denn wenn es wahr ist, dass alle Kreter Lügner sind, dann ist auch Epimenides ein Lügner, da er ja aus Kreta stammt. Aber in diesem Fall hätte er die Wahrheit gesagt, was nicht sein kann, da er aus Kreta kommt und alle Kreter lügen.

Also hat er zugleich gelogen und die Wahrheit gesagt, was natürlich nicht geht. Hier war die Paradoxie leicht zu entdecken, in der wissenschaftlichen Literatur hingegen erstrecken sich solche Fehler oft über viele Seiten.

6.1. Definieren

Entscheidend für das Beherrschen eines Themas ist die Fähigkeit, Begriffe zu definieren. Das ist vor allem deshalb so, weil diese Fähigkeit uns hilft, trotz eventuell fehlender Begrifflichkeiten dennoch über ein Thema sprechen zu können. Verzweifeln Sie nicht, wenn Ihnen in einer Diskussion inhaltliche Aspekte, Daten etc. fehlen; das ist vollkommen normal, jeder Ihrer Mitstudenten hat dieses Problem auch. Versuchen Sie daher, das Definieren so zu üben, dass Mängel nicht mehr so sehr ins Gewicht fallen.

Definitionen sind auch Abkürzungen, mit denen man seine Unterlegenheit im Detailwissen ausgleichen kann. Man spricht nicht umsonst von "Deutungshoheit". Ein zweiter wesentlicher Punkt ist, dass Übung darin, Begriffe definieren zu können, Ihre Schlagfertigkeit wesentlich erhöhen kann.

Allerdings sind diese vorläufigen "Definitionen" häufig eher spontane Einfälle und noch keine wirkliche Definition, obwohl sie sicherlich richtige Aspekte beinhalten. Man kann diese Aspekte jedoch so zusammenfügen, dass sie eine befriedigende Definition ergeben:

Es gibt verschiedene Möglichkeiten Begriffe zu definieren

- **Nach Form**: Synonyme, Wortart, Form (Ein anderes Wort für ...)
- **Nach Funktion**: Aufgaben, Technik und Funktionen ("ein Mittel zum Messen von ... ")
- **Nach Material** und Substanz
- **Nach Kategorien** ("gehört zur Gruppe der ... ")
- **Nach Axiomen:** Lehrmeinungen oder Lehrsätze (im Duden steht ...)

"Ein Radio ist ein technisches Gerät (Kategorie), mit dem man Musik hören kann und das mit Elektronik funktioniert (Funktion), man nennt es auch Rundfunkempfänger (Synonym)."

Die Testfrage an jede Definition lautet: Beschreibt diese Definition nur das, was ich beschreiben möchte, oder trifft sie noch auf anderes zu?

Somit wäre etwa die Definition: "vierbeiniger Pflanzenfresser, auf dem man reiten kann", schlecht geeignet, allein das Pferd zu beschreiben, denn sie schließt Kamele, Elefanten, Esel und Rinder nicht aus.

Ein wissenschaftlicher Dialog sieht häufig so aus, dass der eine versucht, eine Definition zu liefern, während der andere bestrebt ist, Fehler oder Lücken in dieser Definition zu finden. Der griechische Philosoph Diogenes soll einmal einen gerupften Hahn über die Mauer der Athener Akademie geworfen haben, als er erfahren hatte, dass die dortigen Lehrer den Menschen als "Zweibeiniges Tier ohne Federn" definiert hatten, woraufhin die Akademiker ihre Definition von "Mensch" natürlich schnell revidieren mussten. Dieser Art sind fast alle wissenschaftlichen Auseinandersetzungen: Ohne Verbesserung von Definitionen geht es nicht.

Was im Alltag funktioniert, sollte auch in einer Prüfung funktionieren. Scheuen Sie sich nicht vor ganz einfachen Definitionsversuchen. Sollte eine *vorläufige* Definition, was man ja betonen kann, nicht genügen, so wird sich Ihr Prüfer sicher nicht die Gelegenheit entgehen lassen, Sie darauf hinzuweisen. Wenn das passiert, haben Sie schon gewonnen, denn nun diskutieren Sie mit dem Prüfer. Die Situation des Abgefragt-Werdens ist vorbei. Man sollte seine Fähigkeit zu definieren so stark machen wie nur möglich.

Gute Studenten müssen in der Lage sein, innerhalb kürzester Zeit Wortfelder oder -Zusammenhänge aufzustellen und somit die Bedeutung von Begriffen selbst zu finden. Damit meinen wir: Sie sollten üben, selbst auf ganz simple Fragen mit einem Versuch der Definition antworten zu können. Da bekanntlich keine Definition absolut korrekt ist, sondern immer nur Annäherung bleiben muss, ist die Debatte über die Qualität einer Definition immer ein lohnendes Thema.

Daher ist es notwendig, sich mit dem Prüfungsstoff so auseinanderzusetzen, dass Sie in der Lage sind, mehr als Inhalte vorzutragen. Es sollte Ihnen auch möglich sein, zu erklären, was die Begriffe bedeuten, die Sie verwenden. Nichts ist peinlicher, als wenn man gefragt wird: "Sie verwenden häufig den Begriff XY, könnten Sie einmal erläutern, was Sie darunter verstehen?", und man nichts erwidern kann.

Der rasche Ablauf der Definitionen erweitert außerdem die Befähigung zum schnellen Antworten an sich. Ihre Schlagfertigkeit nimmt zu. Das ist übrigens eine Methode, die auch Alleinunterhalter wie David Letterman anwenden. Sie trainieren ihre Fähigkeit, Dinge zu definieren, aufs Äußerste, natürlich auf eine etwas schräge Weise, aber dadurch gewinnen sie einen neuen Blick auf ihre Themen, was sie wiederum zu erstaunlichen Schlussfolgerungen bringt. Man kann Schlagfertigkeit üben. Legen Sie sich also die zentralen Definitionen zu Ihrem Thema parat.

Ihr Ziel sollte es immer sein, die Fähigkeit zu erwerben, selbstständig vortragen zu können, Ihren Mitstudenten helfen zu können, sich von ihnen helfen lassen zu können und mit der Zeit immer größere Gegenseitigkeit dabei zu entwickeln. Der beste Weg auf dieses Ziel führt über die Einrichtung einer Lerngruppe, wie wir sie eingangs angeregt haben. In einer solchen Lerngruppe kann man Prüfungen vor allem dann gut vorbereiten, wenn einige der Teilnehmer bereits

Prüfungen im besagten Fach oder sogar beim entsprechenden Dozenten abgelegt haben.

Die Rolle des Prüfers bei solchen Testläufen ist am schwierigsten, daher sollte sie sich auf helfendes Fragen, Weiterleiten und Moderieren beschränken, etwa so, wie ein guter Talkmaster hauptsächlich seine Gäste zu Wort kommen lässt, anstatt selber zu viel zu reden.

Hören Sie nicht auf zu sprechen, wenn Sie noch einen Punkt zur Erwähnung haben. Wenn der Prüfer Sie unterbricht, weil Sie dabei sind, das Thema zu erschöpfen, dann haben sie ihre Sache gut gemacht. In anderen Worten: Es herrscht für Sie niemals Zeitdruck in einer Prüfung. Der einzige, der den Zeitdruck spürt, ist der Prüfer, denn er muss ein bestimmtes Feld abstecken; aber Ihr Interesse ist ein anderes: Dort, wo Sie etwas wissen, wollen Sie verweilen, denn hier haben Sie etwas zu sagen. Tun Sie es! Der Prüfer wechselt dann schon zu gegebener Zeit das Thema.

Die meisten Prüfungsordnungen sehen eine Prüfungsdauer von 30, 45 oder 60 Minuten vor. Informieren Sie sich unbedingt über diese Zeiten, denn Sie müssen damit rechnen, dass ein gewisser Teil dieser Zeit für die Diskussion einiger Lieblingsthemen des Prüfers verwendet wird.

Ihr Prüfer arbeitet mit Sicherheit an einem wissenschaftlichen Projekt, so sieht es die an deutschen Universitäten übliche Beziehung zwischen Forschung und Lehre vor. Der Beisitzer ist vermutlich ein Mitarbeiter am Lehrstuhl des Prüfers oder auf eine andere Weise mit den gegenwärtigen Vorhaben des Prüfers verbunden. Forscher sind eitel. Daher ist es für Sie von größter Wichtigkeit, über die gegenwärtigen Forschungsthemen dieser beiden Bescheid zu wissen.

7. Kleine Stilkunde

Die Fassung der Edelsteine erhöht ihren Preis,
aber nicht ihren Wert (Ludwig Börne)

Prüfungen sind rhetorische Aufgaben, Anforderungen an Ihre Fähigkeit, frei zu sprechen. Die Disziplin der Rhetorik beschäftigt sich neben der Untersuchung von Beweisen und Definitionen (also dem logischen Inhalt) auch mit der Frage, wie ein Sachverhalt dargestellt wurde. Diese Frage betrifft den Stil einer Rede oder die Form. Ganz entscheidend dabei ist die Untersuchung rhetorischer Mittel. Der schlechte Ruf übrigens, den die Rhetorik genießt, lässt sich unter anderem darauf zurückführen, dass die Sophisten, die antiken Rhetoriklehrer, offen zugaben, mit solchen Redemitteln ein Publikum manipulieren zu können. Ferner erklärten sie, dass diese Technik relativ einfach zu lernen sei.

Daher hat man den Sophisten vorgeworfen, nur um der Form willen zu diskutieren, während der Inhalt ihnen im Grunde gleichgültig gewesen sei. Die Macht einer guten Rede, oder, wie man heute sagen würde, die Macht verbaler Kompetenz ist jedoch zu allen Zeiten, von Gegnern wie Befürwortern der Rhetorik, nicht bezweifelt worden.

In der modernen Sprache wird den "Tropen" und "Figuren", wie man auch sagt, weniger Bedeutung zugemessen, als in früheren Zeiten, aber die Wirkung solcher Formen ist nach wie vor unbestritten. Wenn wir im Folgenden eine kleine Darstellung der "Tropen" und "Figuren" bieten, dann aus zwei Gründen:

Erstens gehört die Kenntnis rhetorischer Formen zur akademischen Allgemeinbildung, und zweitens kann es sehr nützlich sein, wenn man in einer Diskussion in der Lage ist, eine solche Figur mit dem Fachbegriff zu benennen. Durch den korrekten Begriff klassifizieren wir einen Umstand und sichern somit in den Augen des Publikums unsere Kompetenz, die Bedeutung des Gemeinten zu erklären.

7.1 Tropen

Die Tropen (griech. tropos = Wendung, Wandlung) beziehen sich hauptsächlich auf einzelne Wörter, im Gegensatz zu den Wortfiguren, die sich auf die Stellung der Wörter im Satz beziehen.

Allegorie:	zum Satz ausgebaute Metapher: (Bsp. *"er stand zwanzig Jahre lang am Ruder des Staatsschiffes"*)
Antonomasie:	Verwendung eines anderen Wortes anstelle des echten Namens. (Bsp. *"Der große Korse" = Napoleon*)

Euphemismus: positiverer Ausdruck anstelle eines realistischeren (Bsp. "*Das Zeitliche segnen" = sterben*)

Hyperbel: Übertreibung in der Beschreibung. (Bsp. *"ich könnte Bäume ausreißen"*)

Ironie: Verwendung eines gegenteiligen Ausdrucks (Bsp. "*ein Meisterstück*")

Synonymie: Wiederholung der gleichen Wortbedeutung mit verschiedenen Wörtern, dabei werden die minimalen Bedeutungsunterschiede bewusst eingesetzt. (Bsp. *"Einbuße"* und *"Schaden"*)

Litotes: Verneinung des Gegenteils, minderer Grad für höheren Grad (Bsp. *"nicht schlecht"* = (beinahe) gut)

Metapher: Sinnübertragung oder ein abgekürzter Vergleich. *"Er rannte wie ein Hase"* ist ein Vergleich. *"Er war immer ein Hasenherz"* eine Metapher.

Metonymie: Ersatz eines Wortes durch ein anderes. (Bsp. "*Mozart spielen*" für "*Werke von Mozart spielen*")

Periphrase: Umschreibung eines Begriffs. (Bsp: *"im Herbst des Lebens" = im Alter*)

Synekdoché: (lat. **pars pro toto)** Ein Teil des Ganzen wird für die Gesamtheit gebraucht. (Bsp. "*er musste seinen Hut nehmen*") – im Deutschen relativ selten.

7.2 Wort- und Sinnfiguren

Alliteration: Anlautfigur. (Bsp. "*... macht müde Männer munter!*")

Anapher: Wiederholung gleicher oder gleichartiger Wörter am Satzanfang. (Bsp. *"ich kam, ich sah, ich siegte"*)

Congeries: Häufung sinnverwandter Wörter. (Bsp. "*er täuschte sich, er irrte, er lag vollkommen daneben*")

Dubitatio: Zweifel, wie man etwas benennen soll. (Bsp. "*Wie soll ich es nur sagen?*")

Ellipse: Auslassung eines Wortes, meist Verben des Sagens. (Bsp. "*Wir haben gut gespielt, so Beckenbauer*")

Epipher: Wiederholung gleicher oder gleichartiger Wörter am Satzende (Bsp. *"gut", sagte er, "prima", sagte er, "ich komme gleich", sagte er*)

Exclamatio: Ausruf zur Steigerung der Wirkung. (Bsp. "*Ach, dieser Schuft*!")

Klimax: Steigerung an Intensität; Gegenteil = Anti-Klimax. (Bsp. "*sie ging erst, dann lief sie, schließlich rannte sie sogar*")

Oxymoron: Kombination von Widersprüchlichem. (Bsp. "*Die Quadratur des Kreises*")

Pleonasmus: Fülle eines Begriffs ohne grundlegend neue Information. (Bsp. *"ein alter Opa", "ein schwarzer Rappe"*)

Permissio: Anheimstellung einer Formulierung. (Bsp. "*das kann jeder sehen wie er mag*")

Polyptoton: Wiederholung eines Wortes in verschiedenen Formen (Bsp. "*ich war vorsichtig, ich bin es heute noch und werde es wohl immer sein.*")

Praeteritio: Erwähnung eines wichtigen Umstands en passant. (Bsp. "*... was ihm übrigens den Nobelpreis einbrachte*")

Rhetorische Frage: Betonung einer Aussage durch Frageform. (Bsp. "*Wer würde daran zweifeln?*")

8. Der Abend vor der Prüfung

Es ist ein Brauch von alters her,
wer Sorgen hat, hat auch Likör (Wilhelm Busch)

Dieses Kapitel steht in Klammern, denn im Grunde genommen sollte der folgende Inhalt eine Selbstverständlichkeit sein. Doch kann manchmal die Formulierung einer Selbstverständlichkeit für mehr Klarheit sorgen.

Jeder Mensch reagiert anders auf Herausforderungen und bevorstehende Aufgaben, die mit Belastungen verbunden sind. Außerdem gewöhnt sich jeder Mensch eigene Methoden zur Bewältigung von Stress an, die, selbst wenn sie Nachteile haben, nur schwer wieder abzulegen sind. Dennoch gibt es ein paar Ratschläge, die unserer Erfahrung nach generell gelten:

Beschäftigen Sie sich unmittelbar vor der Prüfung nicht mehr im Detail mit dem Prüfungsthema, sondern versuchen Sie lieber, auf einer etwas abstrakteren Ebene über das Thema als solches nachzudenken. Etwa nach der Frage: Wie würde ich einem Nicht-Fachmann die Sache darstellen? Wie schätze ich das Thema allgemein ein? Ist es ein Randgebiet meiner Interessen? Ist es eine zentrale Fragestellung der gesamten wissenschaftlichen Disziplin?

Es kann sinnvoll sein, alle Papiere noch einmal zu ordnen, die Mindmap anzuschauen oder im Geist den Vortrag Revue passieren zu lassen. Es ist sicherlich auch eine gute Idee, sich mit ein paar Freunden zu treffen, um ein allgemeines Gespräch zu führen. Früher oder später werden Sie so oder so von der Prüfung erzählen müssen, aber legen Sie es nicht darauf an. Viel wichtiger ist unmittelbar vor der Prüfung, dass man seinen Horizont wieder etwas erweitert, denn in aller Regel steigt man im Laufe seiner Vorbereitungen so tief in ein Thema ein, dass man die Grundzüge oder Hauptpunkte für so selbstverständlich hält, dass man sie in der Prüfung zu erwähnen versäumt.

Das ist übrigens ein altes Expertenproblem: Wer zu tief in ein Thema eingedrungen ist, hält selbst Dinge für banal, die andere nicht einmal kennen. Im Fall einer Prüfung lautet dieses Risiko: Wenn Sie zu sehr im Detail verloren sind, werden Sie es versäumen, ganz einfache Dinge zu erwähnen, weil sie Ihnen zu selbstverständlich erscheinen. Der Prüfer jedoch wird vermuten, dass Sie über dieses allgemeine Grundwissen gar nicht verfügen, ein schlechter Eindruck entsteht, obwohl er nicht gerechtfertigt ist.

Kontrollieren Sie noch einmal Ihre Kleidung, Fingernägel und andere Äußerlichkeiten. Liegen alle Dinge bereit, so dass sie am nächsten Morgen nicht zusammengesucht werden müssen? Kennen Sie den Weg zum Prüfungsort? Haben Sie die Fahrkarte? Fragen dieser Art sollten am letzten

Abend im Mittelpunkt unserer Aufmerksamkeit stehen. Denn unser Äußeres hat immer auch Wirkungen auf unsere innere Haltung. Nachlässige Kleidung kann von Seiten eines Prüfers in der Tat als Geringschätzung aufgefasst werden.

Ein weiterer Rat: Hände weg von Beruhigungsmitteln oder Alkohol. Denn erstens ist die Wirkung von viel Alkohol am Morgen danach bekannt, zweitens entfaltet er nur in kleinen Mengen eine positive Wirkung, das heißt, er beruhigt nur dann sinnvoll, drittens: man kann es riechen.

Ebenso verhält es sich mit Medikamenten: Nehmen Sie unter keinen Umständen unmittelbar vor der Prüfung Medikamente ein, die Sie nicht kennen oder dringend benötigen. Ändern Sie Ihre Gewohnheiten nicht in einer Situation, in der Sie sich auf Ihre Routine verlassen müssen, oder, wie man es auch in Verwendung einer älteren Parole formulieren könnte: "Keine Experimente!" Der Prüfungstag birgt genug Risiken, daher sollten Sie nicht noch weitere Unsicherheitsfaktoren hinzufügen. Verhalten Sie sich einfach so, wie immer, höchstens, vielleicht, ein bisschen vernünftiger. Klammer zu.

9. Wenn es nicht geklappt hat

Durchgefallen? Das kommt vor. Auch wenn es im ersten Moment sehr schmerzlich erscheinen sollte: Das ist nicht das Ende der Welt. Wichtig ist vor allem, dass man nun die richtigen Maßstäbe behält, die diese Niederlage messen können. Es ist immer hilfreich, mit Freunden und Verwandten über ein niederschmetterndes Ergebnis zu sprechen, aber noch bevor Sie das tun, müssen Sie selbst ehrlich Bilanz ziehen. Denn gerade beim Gespräch mit Freunden tendiert man häufig dazu, die Schuld dem anderen zu geben: Der Prüfer mag mich nicht, ja, er hat mich noch nie leiden können, es war zu heiß im Zimmer, zu kalt, der Beisitzer hat immer so geschaut, ich habe einfach zu viel gelernt, und so weiter.

Das dürfen Sie alles sagen, aber vorher sollten Sie sich ein paar Fragen ehrlich gestellt und beantwortet haben. Suchen Sie handfeste Gründe für das schlechte Ergebnis. Würden Sie diese Gründe auch Ihrem Prüfer gegenüber anführen können? Waren Sie nicht ausreichend vorbereitet? (Das kann inhaltlich oder auch nervlich gemeint sein.) Haben Sie Ihre Fähigkeiten nicht gut genug darstellen können? Was hätten Sie anders machen müssen, um diesen Mangel auszugleichen? Lag es an anderen Dingen? Haben Sie nicht damit gerechnet, auf einmal nervös zu werden; haben Sie Ihre

Prüfungsangst nicht kontrollieren können? Hatten Sie einen Blackout? Warum hatten Sie den?

Am besten ist die kaufmännische Methode einer Kosten-Überschuss-Rechnung geeignet: Nehmen Sie ein Blatt Papier und schreiben Sie in eine linke Spalte, was Sie Ihrer Ansicht nach gut gemacht haben und rechts die Fehler. Unterscheiden Sie dabei zwischen inhaltlichen und formalen Fehlern. "Woran lag es?" Diese Frage muss man sich selbst gegenüber ehrlich beantworten.

- Ich war zu bescheiden – zu unbescheiden
- Ich war zu aktiv – zu passiv
- Ich war zu nervös – zu unbeholfen (cool)
- Ich war körperlich nicht fit
- Ich war geistig blockiert

Überlegen Sie sich, welche Kritikpunkte dabei Ihre Fähigkeiten und welche Ihren Charakter betreffen. In vielen Ratgebern zum Thema Prüfungen oder auch Bewerbungen wird gesagt, dass Misserfolg niemals persönlich genommen werden sollte. Das ist vermutlich ein Irrtum, wenn das schlechte Ergebnis auf Nervosität oder dergleichen zurückzuführen ist.

Erst wenn man sich einen Misserfolg zu Herzen nimmt, kann man auch Schlüsse daraus ziehen und Erkenntnisse über sich selbst gewinnen, auch wenn es unangenehme sein sollten. Sie müssen Ihre Fehler und Schwächen kennenlernen. Nur so können Sie etwas dagegen tun.

Wenn man vom Pferd gefallen ist, heißt es, soll man sofort wieder aufsitzen, damit man keinen bleibenden Schrecken bekommt. Das bedeutet: Vereinbaren Sie mit Ihrem Prüfer einen Termin, um das Treffen noch einmal kurz zu diskutieren. Zwar wird Ihr Prüfer Ihnen unmittelbar nach der Prüfung schon alle wesentlichen Punkte gesagt haben, doch war die Situation eine andere: Direkt nach der Prüfung sind Sie kein gleichberechtigter Partner im Gespräch und daher schlecht in der Lage, die Argumente Ihres Gegenüber souverän anzuhören.

Außerdem kommen vermutlich die Enttäuschung und die trotz allem abgefallene Anspannung hinzu. Direkt nach der Prüfung ist also ein schlechter Zeitpunkt für ein klärendes Gespräch. Aber eine Woche später sieht alles schon ganz anders aus. Vereinbaren Sie dann einen kurzen Termin, um erstens wieder "aufzusitzen" und zweitens, um gleich den ersten Schritt auf die Wiederholung hin zu machen. Auf keinen Fall sollten Sie bis zum nächsten Termin warten! Sprechen Sie unbedingt noch einmal mit Ihrem Prüfer! Denken Sie daran: Die letzte Begegnung zählt entscheidend für den Erfolg der nächsten Begegnung – sowohl für Sie als auch für den Prüfer.

10. Checklisten

Die größte Gefahr im Straßenverkehr sind Autos, die schneller fahren, als ihr Fahrer denken kann (Robert Lembke)

Die folgenden Checklisten sind Vorschläge. Wir haben sie zusammengestellt, um Ihnen einen Eindruck davon zu vermitteln, wie man sich selbst kontrollieren kann, wenn es sonst keiner tut. Einer der großen Fehler in der Prüfungsvorbereitung besteht darin, sich selbst nicht zu kontrollieren und mit seiner Lerndisziplin bereits zufrieden zu sein, während man jedem Mitstudenten, der eine ähnliche Leistung vorzuzeigen hätte, noch erhebliche Verbesserungsvorschläge machen würde.

Je weniger explizit man sich überprüft, desto höher ist das Risiko, dass man Wesentliches übersieht. Diese Gefahr besteht sowohl beim Lernen als auch bei der formalen Vorbereitung. Beim Lernen kann man sich überprüfen, indem man die inhaltlichen Zusammenhänge laut formuliert, bei der organisatorischen Seite helfen Checklisten. Wieso verwenden wohl Ärzte, Astronauten, Militärs Checklisten? – weil sie wissen, dass man, je komplexer ein Zusammenhang ist, desto leichter etwas vollkommen Einfaches übersieht. Eine Prüfung ist ebenfalls hochkomplex und (fast) wie bei den Astronauten mit gewissen Risiken verbunden.

Man liest einen Inhalt, den man nicht ganz verstanden hat, noch einmal durch und spürt dabei eine gewisse Müdigkeit. Es fallen einem nun viele andere wichtige Dinge ein, die gerade erledigt werden müssen, so dass man sich nicht mit dem Text oder der Aufgabe auseinandersetzen muss? Wir werden ungeduldig und sagen uns: "Alles klar, das weiß ich ja längst!" Mit einiger Sicherheit ist diese Müdigkeit eine Schutzfunktion, mit der wir uns gegen die Erkenntnis schützen wollen, dass wir etwas nicht verstanden haben. Also: Vorsicht! Vertrauen Sie sich selbst nicht zu sehr, wenn es darum geht, Ihre eigenen Leistungen einzuschätzen (auch hierin liegt übrigens ein klarer Vorteil einer Lerngruppe).

Ein guter Trick gegen diese Müdigkeit besteht darin, sich auf eine Auseinandersetzung einzustellen, denn die Erwartung einer Konfrontation sorgt für den nötigen Adrenalin-Stoß. Je besser Sie sich darauf vorbereiten, in eine Konflikt-Situation zu kommen, desto wahrscheinlicher werden Sie sich mit den Argumenten der Gegenseite auseinandersetzen, was natürlich bei der Vorbereitung einer Prüfung großen Wert hat.

Auch bei den folgenden Checklisten gilt: Mit Geduld vorgehen. Nehmen Sie sich Zeit dafür, denn viele Fehler entstehen dadurch, dass man etwas überspringen möchte, was man nicht überspringen kann. Wenn es Ihnen widerstrebt, die Checkliste mit einem Stift auszufüllen, dann können Sie Folgendes tun: Lesen Sie die Liste durch und geben Sie die Antwort immer laut.

10.1 Checkliste zur Vorbereitung

- die wichtigsten Titel der aktuellen Literatur
- die wichtigsten Autoren, Forscher
- die zentralen Jahresdaten
- die zentralen Begriffe, Fachtermini
- die zentralen Orts- und Personennamen
- die wichtigsten Kontroversen der Forschung
- die wichtigste abweichende Meinung
- die gängige Interpretation (Schulmeinung)
- meine eigene Einschätzung des Themas
- evtl. Veranstaltungen meines Prüfers zum Thema
- evtl. Publikationen meines Prüfers zum Thema
- den wissenschaftlichen Kontext des Themas
- die wissenschaftliche Relevanz des Themas
- mindestens 5 Zitate aus der Literatur zum Thema
- die Zeit, die meine Darstellung benötigt (in Minuten)

Ich bin in der Lage, mein Prüfungsthema in 3 Sätzen zu beschreiben:

❐ Ja, nämlich: ❐ Nein

Ich bin in der Lage, mein Prüfungsthema in 3 große Abschnitte einzuteilen

❐ Ja, nämlich: ❐ Nein

Ich kenne die beste Reihenfolge für die Präsentation dieser Abschnitte

❒ Ja, nämlich: ❒ Nein

Meine Fähigkeit, das Thema ohne fremde Hilfe darzustellen schätze ich ein als...

Ich habe Schwächen bei folgenden Punkten:

1.)

2.)

3.)

Abhilfe gegen diese Schwächen:

1.)

2.)

3.)

Ich habe folgende Hilfsmittel beim Lernen verwendet:

Literatur ❐
Aufsätze aus Zeitschriften ❐
Internet-Quellen ❐
Karten-Datenbank ❐
Alte Aufzeichnungen ❐
Aufzeichnungen von Mitstudenten ❐
Mindmapping ❐
Auswendiglernen ❐
Diskussionen mit Freunden ❐
Diskussionen mit dem Dozenten ❐
Andere: ....

10.2 Checkliste zur Prüfung

Die Prüfungsanforderungen des Dozenten schätze ich ein als...

Den Charakter meines Prüfers schätze ich ein als...

Eventuelle Konsequenzen daraus für meine Prüfung...

Ich kann folgende Hilfsmittel bei der Prüfung verwenden

Keine ❒
Karten ❒
Pläne ❒
Modelle ❒
Beamer ❒
Andere:

Ich habe diese Hilfsmittel parat.

❒ Ja, nämlich: ❒ Nein

Meine größte Stärke in mündlichen Prüfungen ist:

Meine größte Schwäche in mündlichen Prüfungen ist:

10.3 Auftritt

Ein Prüfer übernimmt für jeden Kandidaten, den er bestehen lässt, eine Garantie. War Ihnen das bewusst? Wenn Sie eine Prüfung bei dem Dozenten XY bestanden haben, ist Ihr Name mit dem seinen verbunden, z.B. bei Ihren späteren Bewerbungen. ("Ach, Sie haben bei XY promoviert?")

Ein Prüfer wird sich also sehr genau überlegen, ob er Sie als sein "Produkt" gerne verkaufen möchte, oder ob er fürchten muss, dass Sie ihn später blamieren werden. Hier können Sie unmittelbar etwas tun: Es liegt nämlich vollkommen in Ihrer Hand, ob sich Ihr Prüfer für Sie schämen muss oder nicht. Daher ist Ihre Note auch immer ein Ausdruck der Beziehung zwischen Ihrem Prüfer und seinem Kandidat – Ihnen. Diese Note betrifft Fachkompetenz, verbale Kompetenz und Auftreten – genau wie bei der Bewerbung um einen Job. Auf folgende Punkte achten Prüfer, wenn sie sich einen Kandidaten ansehen (und sie *sehen* einen Kandidaten, bevor sie ihn hören).

- **Äußerlich:** Frisch rasiert, frisiert, Haare geschnitten, sauberes Hemd etc. Geputzte Schuhe, frische Socken, Strümpfe, saubere Fingernägel, Hände, Gesicht. Wenig oder kein Parfüm (*das ist sehr wichtig!*). Moderat oder nicht geschminkt. Keine aufreizende, übertriebene Kleidung. Keine Ihnen ungewohnte Kleidung. Keine unbequeme, dafür modische Kleidung (man sitzt). Direkt davor nicht rauchen oder Kaffee trinken (Atem). Am Abend davor vielleicht keinen Knoblauch oder Curry essen.

- **Zeitlich:** Rechtzeitig aufstehen. Nicht zu viel davor essen oder trinken. Die letzte Strecke zum Prüfungsort zu Fuß gehen. Etwa 10 Minuten zu früh kommen: Pünktlichkeit! Sofort bei der Sekretärin vorsprechen. Lächeln (*es wirkt!*)

- **Auftritt:** Nicht schüchtern, offen. Nicht unterwürfig, geradeheraus. Freundlich und aufmerksam sein. Erst einen kleinen Smalltalk halten. Deutlich sprechen. Keine Hektik oder Panik haben / zeigen. Hand geben, Beisitzer nicht vergessen. Warten, bis man aufgefordert wird, sich zu setzen. Aufstehen, wenn einer der Prüfer aufsteht. Blicken nicht sofort ausweichen, lächeln.

- **Diskussion:** Ruhe bewahren. Nicht ins Wort fallen. Nicht überstürzt antworten. Keine Angst vor Wissenslücken haben. Klar zur Sache kommen. Nicht endlos reden, Beiträge des Prüfers ermöglichen.

- **Abgang:** Hand geben, Beisitzer nicht vergessen. Keine zu großen Emotionen zeigen. Für den Termin bedanken.

10.4 Checkliste für Vorträge

Courage ist gut,
aber Ausdauer ist besser (Theodor Fontane)

Die nun folgende zweite Checkliste soll Ihnen helfen, Bewertungskriterien zu verstehen. Anders als die erste Checkliste gilt diese Liste nicht primär Ihnen, sondern Ihren Dozenten. Das heißt: Um zu verstehen, wie man Sie selbst später begutachten wird, möchten wir Sie dazu anregen, mit dieser Liste einmal eine Vorlesung zu besuchen, nur um den Dozenten zu bewerten. Dabei kann es sich um eine Ihrer regulären Vorlesungen handeln, oder auch um ein fremdes Thema bei einem Ihnen unbekannten Dozenten.

Warum? Erstens, weil Sie so keine Ihrer Vorlesungen versäumen, indem Sie dem Inhalt nicht folgen, und zweitens weil Sie so unvoreingenommen auf die Präsentation achten können, ohne inhaltlich zu sehr involviert zu sein.

Vielleicht sind Sie jetzt erstaunt, wenn Sie gerade gelesen haben, dass Ihre Prüfer sich nicht in erster Linie für Ihr Thema interessieren, sondern hauptsächlich für die Art und Weise, wie Sie dieses Thema vorstellen. Es ist jedoch in der Tat so.

Ein Prüfer kann nicht Ihre Kenntnisse an sich prüfen, er kann nur das prüfen, was Sie ihm tatsächlich vorzeigen können. Selbst, wenn Sie alles wüssten, aber nichts sagen könnten, würden Sie die Prüfung natürlich nicht bestehen. Daher ist eine Prüfung in erster Linie immer eine Bewertung von Äußerlichkeiten (übrigens ein Trost, wenn es mal nicht klappen sollte).

Schon ein einziger Versuch mit diesem Bogen wird Sie davon überzeugen, wie groß die Unterschiede bei Vortragenden sind. Genau diese Unterschiede, allerdings zwischen Kandidaten, werden von Prüfern später mit Noten beschrieben.

Inhalt

Einleitung / Zielsetzung: klar, einprägsam, motivierend
Hauptteil: klar gegliedert
Unterthemen: in sich gegliedert, jeweils zusammengefasst
Folgerichtigkeit der Denkschritte: nachvollziehbar
Neue Begriffe: klar definiert, gut eingeführt
Fachtermini: angemessen
Zusammenfassung: Wiederholung der Kernpunkte, klar

Stil

Zeiteinteilung: den Einzelthemen angemessen
Satzbau: klar, druckreif, elegant
Darstellung: sachlich / prägnant
Identifikation mit dem Thema: positiv / sachlich

Diskussion alternativer Ansichten: sachlich
Verfolgung des Themas: spannend, diszipliniert
Wiederholungen: erholsam, hilfreich
Informationsdichte: exemplarisch knapp

Auftreten
Kleidung: angemessen
Handout: klar, übersichtlich
Hilfsmittel: sinnvoll eingesetzt
Engagement des Redners: glaubwürdig
Sprechweise: gut artikuliert, angemessen
Gestik / Mimik: ruhig, beherrscht
Marotten: keine

11. Häufige Fehler bei mündlichen Prüfungen

Sie sind auf uns nicht angewiesen, aber wir auf Sie, merken sie sich das! (Karl Valentin)

Im folgenden Abschnitt haben wir eine Reihe von typischen Fehlern bei mündlichen Prüfungen aufgelistet. Viele dieser Standardmängel sind leicht zu beheben, indem man sie mit dem eigenen Wissensstand bzw. der eigenen Fähigkeit vergleicht.

Man kann eine solche Liste wie eine Checkliste behandeln. Das bedeutet, wenden Sie diese Punkte auf sich an: Treffen diese Vorwürfe in irgendeiner Form auf Sie zu? Wenn ja, was ist dagegen zu machen? Kann dieses Risiko durch vermehrtes Lernen, durch vermehrtes Diskutieren oder durch andere Übungen vermindert werden? Sind andere Hilfen notwendig, zum Beispiel mehr Routine im Vortragen?

Fehler in der Argumentation, bei Fragen und Antworten:

- zu wenig Mut zum eigenen Urteil
- schweigen, anstatt eine Frage zumindest teilweise zu beantworten
- zu wenig problemorientiertes Verhalten und Argumentieren
- auf einfache Fragen zu komplizierte Antworten geben
- Unfähigkeit, Wichtiges von Unwichtigem zu trennen

- Antworten nicht hinreichend systematisch und präzise liefern
- zu viel darüber nachdenken, welche Antworten der Prüfer erwartet

Fehler des Ausdrucks und der Sprache

- schlechtes oder ungenügendes Deutsch (bei Muttersprachlern!)
- sich von der Situation einschüchtern lassen
- unklare, wirre Ausdrucksweise
- fehlendes Fachvokabular, dafür Alltagssprache
- Antworten in Stichworten anstatt gestalteter Sätze
- unklare, fehlende Strukturierung der Gedanken

Fehler im Verhalten

- zu wenig Mut zur intelligenten Aufmüpfigkeit
- zu aufgeregt, fehlende Gelassenheit
- zu leise und undeutlich sprechen
- zu sehr das "Gelernte" bieten, statt flexibel auf Fragen zu reagieren
- Angst, ein Gespräch zu riskieren
- zu sehr daran denken, was der Dozent hören möchte
- zu defensive Strategie in der Prüfung
- fehlender Mut, als sachlich gleichberechtigter Diskussionspartner aufzutreten
- nicht auf die Fragen hören
- bei einfachen Fragen eine Falle vermuten
- fehlendes intellektuelles Selbstbewusstsein

Fehler beim Lernen und der Vorbereitung

- keine Sammlung der möglichen Prüfungsfragen angelegt haben
- Hilflosigkeit vor größeren Zusammenhängen
- voll Wissen, das aber nicht strukturiert und abrufbar ist
- schlichte Reproduktion von Lehrbuchwissen liefern
- ungenügende Vorbereitung im weitesten Sinne
- fehlende Lesebereitschaft, fehlendes Interesse an Kritik und kontroversen Diskussionen
- lediglich gepauktes Wissen aufbauen, keine eigene Position erarbeiten
- schwache Allgemeinbildung
- zu knappe Vorbereitungszeit, die zu nur oberflächlichen Kenntnissen führt
- kein Dialog mit anderen Studenten in der Vorbereitungszeit
- eingleisiges Lernen, kein Einsatz moderner Hilfsmittel
- keinen Fragenkatalog bei der Fachschaft geholt

12. Literaturangaben

Anbei finden Sie eine kurze Liste zur weiteren Lektüre. Die Zahl der Titel zum Thema wissenschaftliches Arbeiten ist enorm angewachsen, daher haben wir hier nur eine kleine Auswahl angeboten. Es ist überdies sinnvoll, nachzuprüfen, ob einer Ihrer Dozenten nicht vielleicht ein Lehrbuch zu dem Thema "wissenschaftliches Arbeiten" verfasst hat, denn wenn Sie bei ihm oder ihr eine Prüfung absolvieren bzw. ein Seminar besuchen wollen, kann es nicht schaden, sich genau über die Anforderungen dieses bestimmten Hochschullehrers zu unterrichten. Einige der Titel sind zugegebenermaßen schon etwas älter, doch nicht so alt wie die Problematik, die sie beschreiben.

BAUMER, F. (1967): Gewußt wo, gewußt wie. Eine Anleitung zur Methodik der geistigen Arbeit. Stuttgart.

BECKER, F. G. (1994): Anleitungen zum wissenschaftlichen Arbeiten: Wegweiser zur Anfertigung von Haus- und Diplomarbeiten. Gladbach.

BÖNSCH, A. (1996): Wissenschaftliches Arbeiten, Seminar- und Diplomarbeiten. München.

CHARBEL, A. (2005): Top vorbereitet in die mündliche Prüfung. Nürnberg.

ECO, U. (1992): Wie man eine wissenschaftliche Abschlußarbeit schreibt. Doktordiplom und Magisterarbeit in den Geistes- und Sozialwissenschaften. Heidelberg.

FRANK, N. (1998): Fit fürs Studium. Erfolgreich lesen, reden, schreiben. München.

HÜLSHOFF, F. / KALDEWEY, R. (1976): Training – Rationeller lernen und arbeiten. Stuttgart.

KRÄMER, W. (1999): Wie schreibe ich eine Seminar- oder Examensarbeit? Frankfurt.

NARR, W. / STARY, J. (Hg.) (1999): Lust und Last des wissenschaftlichen Schreibens. Hochschullehrer geben Studierenden Tips. Frankfurt.

SESINK, W. (1994): Einführung in das wissenschaftliche Arbeiten mit und ohne PC. München.

STANDOP, E. (1995): Die Form der wissenschaftlichen Arbeit. Heidelberg.

Albrecht Behmel

Der Uni-Ratgeber: Akademisches Schreiben

ISBN 978-3-8382-0426-0
104 Seiten, Paperback. € 19,90

Laut Erhebungen der Freien Universität Berlin geben 80% der Studienabbrecher in den philosophischen Disziplinen als Grund für ihr Ausscheiden aus der akademischen Laufbahn das Problem „Schreibhemmungen" an. In den anderen Fächern sind es immerhin noch zwischen 40% und 60% aller Studienabbrecher, die wegen Problemen beim Schreiben das Handtuch werfen.

Die meisten Universitäten reagieren wenig oder gar nicht auf dieses Problem. Es gibt zwar Kurse zum Abbau von Schreibhemmungen, aber häufig sind diese Angebote nur für einige Dutzend Studenten eingerichtet.
Dabei gibt es ganz bestimmte Hilfsmittel, auf die man zurückgreifen kann, um seine Gedanken in angemessenem akademischen Stil zu Papier bringen zu können. Diese Hilfsmittel kann man gezielt herstellen und einsetzen und dadurch bewusst gegen Schreibhemmungen vorgehen.
Dieses Handbuch gibt Anleitung, wie akademisches Schreiben erfolgreich und ohne Blockaden gelingen kann. Es richtet sich insbesondere an Abiturienten und Studierende der ersten Semester, kann aber auch all denjenigen helfen, die für das Schreiben ihrer Examensarbeit Hilfestellung benötigen.

Albrecht Behmel

Der Uni-Ratgeber: Akademisch formatieren und publizieren

ISBN 978-3-8382-0428-4
90 Seiten, Paperback. € 19,90

Wissenschaftliche Arbeiten sollen publiziert werden. Darin besteht der Sinn dieser Textgattung. Neben zahlreichen inhaltlichen Anforderungen an wissenschaftliche Texte bestehen jedoch auch formale. Die Fußnoten sollen in korrekter Form erscheinen, die Literaturangaben sollen der im Fach üblichen Norm entsprechen, Tabellen sollen eine genau definierte Form haben und vieles mehr. Es gibt zahlreiche Normen, an die ein Wissenschaftler denken muss, bevor er seinen Text an einen Verlag herantragen kann. Aber auch Arbeiten, die nicht publiziert werden, sondern ‚nur' beim Dozenten oder dem Prüfungsamt eingereicht werden sollen, unterliegen strengen formalen Bestimmungen.
Das wissenschaftliche Arbeiten ist in sehr hohem Maße auf Schriftlichkeit fixiert, so dass jede wissenschaftliche Betätigung auch an den hohen Standards des Buchwesens gemessen wird. Eine inhaltlich gute Arbeit kann durch schlechte Form stark an Qualität verlieren, was sich zwangsläufig auch in der Note niederschlagen wird. Denn Ihr Dozent würde es als eine Herabsetzung empfinden, ein fehlerhaft formatiertes Manuskript lesen zu müssen.
Studenten vernachlässigen diesen Teil des wissenschaftlichen Arbeitens jedoch häufig. Dieses Handbuch zeigt Ihnen, worauf Sie bei der Aufbereitung Ihres Textes zur Publikation achten müssen. Jeder, der wissenschaftliche Texte schreibt, findet hier nützliche Informationen und Hilfestellungen.

ibidem
Verlag

Albrecht Behmel

Der Uni-Ratgeber: Akademische Rhetorik

ISBN 978-3-8382-0430-7
148 Seiten, Paperback. € 19,90

Es gehört zur akademischen Allgemeinbildung, Grundbegriffe der Rhetorik zu kennen und zu beherrschen. Der mündliche Vortrag wissenschaftlicher Inhalte und die Auseinandersetzung mit Kollegen sind zentrale Betätigungsfelder in der Wissenschaft und im akademischen Betrieb. Je besser die Kenntnis von den Gesetzmäßigkeiten dieser Betätigungsfelder ist, desto besser sind auch die Chancen derjeniger, die darin bestehen wollen.

Rhetorik ist eine Grundvoraussetzung wissenschaftlicher Arbeit. Rhetorik in der Universität unterscheidet sich in einigen zentralen Punkten von anderen Formen der Redekunst etwa in der Politik oder der Wirtschaft, wo es um den Verkauf von Produkten, um die Überzeugung von Kunden, die Abwehr gegnerischer Parteien und deren Argumente geht. Wissenschaftliche Rhetorik hat zwei besondere Merkmale. Des Weiteren ist wissenschaftliche Sprache hochgradig formalisiert. Das bedeutet, dass die wissenschaftliche Redeweise sich bestimmter Formen bedient, die man erlernen kann – und muss.

Dieses Handbuch zeigt auf, welche formalen Aspekte im wissenschaftlichen Disput und bei Vorträgen einzuhalten sind. Beherrschen Sie diese rhetorischen Grundlagen, demonstrieren Sie, dass Sie mit der akademischen Arbeitsweise vertraut sind. Darin liegt ein Schlüssel zum Erfolg an der Universität. Jeder, der wissenschaftlich arbeitet, findet in disem Ratgeber Nützliches.

Albrecht Behmel (Hg.)

Das kleine Lexikon der Hochschulbegriffe

Akademische Fachbegriffe aus Tradition und Gegenwart

ISBN 978-3-8382-0202-0
216 Seiten, Paperback. € 34,90

Heißt es: „promoviert haben“ oder „promoviert werden“? Woher stammt der Ausdruck „Augenwischerei“? Was ist ein „Vademecum“? Welchen Skandal löste Alan Sokal im Jahr 1996 absichtlich aus und veränderte damit die allgemeinen Publikationsstandards?

Die europäische Hochschule ist eine uralte Institution voller Traditionen, Arbeitsweisen, Abkürzungen und Problemstellungen, die vor Fachbegriffen nur so wimmelt. Viele Wörter und Ausdrücke stammen aus dem Lateinischen, Griechischen, Italienischen, Schwedischen aber auch Englischen und Deutschen und sind teilweise in die Allgemeinsprache übergegangen oder stammen aus ihr.

Das in liebevoller Detailarbeit zusammengestellte Kleine Lexikon der Hochschulbegriffe gibt nicht nur informative Antworten auf die oben aufgeworfenen Fragen, sondern wendet sich an alle, die sich mit der spezifischen Terminologie der Hochschule beschäftigen wollen, um einen besseren Zugang zum akademischen Geist und dessen Traditionen zu finden, die teils bis in die Antike zurückreichen – siehe Akademie. Aber auch aktuelle Begriffe und Entwicklungen wie der „Bologna-Prozess“ wurden in das Lexikon mitaufgenommen. Damit stellt das Nachschlagewerk indirekt auch eine konzise, alphabetisch sortierte Kulturgeschichte der Hochschule dar.

ibidem-Verlag

Melchiorstr. 15

D-70439 Stuttgart

info@ibidem-verlag.de

www.ibidem-verlag.de
www.ibidem.eu
www.edition-noema.de
www.autorenbetreuung.de